あきらめなければ失敗ではない

最低の営業マンから
会社の救世主、
そして社長に――

JN076113

株式会社サンワマシナリー取締役会長
山下 和之
KAZUYUKI YAMASHITA

あさ出版

合理化革命、自動縫結装置　SOYUTEX

はじめに

私は、山下和之、株式会社サンワマシナリーの創業者であり、取締役会長である。わが社は石川県金沢市に本社を置く、特注産業機械メーカーとして知られている。

昭和60年の会社設立から35年あまり。中小企業ながら、オリジナルな機械装置を製作し、特許も取得している。ホームページに掲げてあるように、「カタチのないアイデアをカタチに」するための産業機械の開発・製造・販売を手がけている。先端の技術会社の機械をはじめ、身近な加工品、環境関連、その他開発機械を手がけてきた。

産業機械の内容はお客様との守秘義務契約があるため、詳細には記載できないが、言うなれば、お客様から「こんな機械が欲しいので、考えてくれないか」という要望をいただいて、要望に合わせて機械を開発する会社である。要望に応えているうちに特許を取るほどの技術が付いてきた。基本的に、お客様の要望は断らないスタンスである。

業務の範囲は、営業から設計・開発、機械製造までの役割を一貫して担い、納入後のメンテナンスまで請け負わせていただいている。

現在わが社は、誰もが知るような世界的な有名メーカーをはじめ、多くのお客様からの注文をいただき、製造が追いつかないぐらい多忙である。10年前と比較して、売上高は約4倍に増え、従業員は2倍以上となっている。但し現在はコロナ禍で受注は落ちている。

なぜ、日本といえども地方都市である金沢の、一中小企業が世界的な有名メーカーと取引ができるのか。それは、わが社が部品製造メーカーの、製造ラインの機械を開発・納入しているご縁があるからだ。

メーカー関係の方はご存知と思うが、例えば、たった1台のスマートフォンにしても、その部品点数は1000点を超えると言われている。ましてや、自動車などの大型商品になれば、数万個以上である。製品を作る部品の数だけ、納入メーカーが必要だ。

そのメーカーの製造ラインで稼働する製造機械は、ほとんどが特注品であり、高精度で、効率良く製造でき、さらに最近では省エネで環境に優しいものが求められている。

完成品も、故障が少なく、使い勝手が良いものが高評価を得る。

同じように、わが社の生産機械も、納入後にいかにお客様のニーズに応え、高精度で使い勝手が良いかなどが問われる。幸いにも、既存のお客様からは高い評価をいただき、評判を聞いた新規のお客様も増えているところだ。

わが社は独自の技術を育て、常に研究心を持ち、他社と競合するビジネスは原則的にしない。いわゆる、ブルーオーシャン狙いだ。

また、未来を見据えた社会問題の解決に貢献できるよう、日々一層の研究を重ねるべく努めている。一例を挙げれば、少子高齢化による人手不足に対応できる「自動縫合装置」は多くの実績を誇る。脱炭素化に対しては、熱を再利用する「排熱回収装置」に取り組み、完成に近い段階にこぎつけている。

当たり前のことだが、客先対応についても評価されなければならない。

価格については、常にコストダウンを心がけ、いかなる場合でも適正価格を守っている。反対に、価格的に採算の合わない要求をされた際には、丁重にお断りしている。

一方で、価格に無理があると判断しても、「この機械を製作することで、将来に貢献する新技術を得る可能性がある」場合には、積極的に取り組んでいく。

簡単なように思えるが、「言うは易し」で、この原則を持続することは意外に難しい。

この、金沢市で独自性を発揮しているサンワマシナリーを、会社設立30周年を機に息子篤史に譲り、会長へ退いた。

今年、人生の大きな節目である80歳を目前にして、来し方を振り返ってみようと思い立ち、筆を執った次第。現在は、筆といってもパソコンのワープロソフトを使っての執筆である。長年の愛読紙、日経新聞の「私の履歴書」にならって、戦中生まれの幼少期から55年の仕事人生までを振り返ってみようと考えた。

ところが、長い仕事人生を振り返ってみると、何と、驚きの連続であった。

何に驚いたかというと、私は失敗の多い人生であったが、立ち直る際に、不思議と合理的な最適解を選んできているのである。しっかりしたエビデンスのある、最新科学で明らかになった正解を知らずに選び、歩んできたようだ。

世界は現在、コロナ禍という未曾有の災厄の最中にある。

日本は、コロナ禍以前から、少子化と働き方改革、省エネルギー化の時代に入り、経営のあり方が不透明になっている。それにつれてビジネスマンの不安や、挫折、メンタル疾患も増えていると報道されている。


それゆえに、私の失敗や挫折談が、今、不安や挫折、失敗の中でもがいている人のヒントになるのではと考えた。

そこで、個人的な自分史ではなく、書籍の形で世の中に公表しようと思い立った次第。

失敗や挫折に関することなら、私に聞いてくれ。その都度、起き上がってきたから今がある。専門的なアドバイスを参照した書籍等も同時に紹介している。

少しでも、悩める皆さんの参考になれば幸いである。

第1章 和歌山生まれのわんぱく坊主

第2章 最低の営業マン

第3章 覚醒、最低から最高へ

第4章 サンワマシナリー、始動！

第5章 私の歩んできた道の総括

第1章

和歌山生まれのわんぱく坊主

出生

日本が太平洋戦争に突入する、真珠湾攻撃直前の夏。

私は和歌山県の日高郡矢田村矢田（現在の日高川町小熊）、父津村茂一郎、母ハマエとの間に昭和16年8月8日に生を受けた。兄2人、姉2人の5番目である。家は稲作農家で、秋からは麦を作り、もっぱら二毛作をしていた。

小さな頃の思い出の風景は、見渡す限りの青々とした田んぼである。少し背が伸びると、その先の小高い丘陵が目に入るようになった。

自分が小さかったせいか、世の中は田んぼと家族が全てで、伸び伸び駆け回って遊んでいた。

ものごころ付いた頃には、母親は病気入院中で不在。

自分の遠い記憶では、母に会いに行ったことも二度ほどしかない。縁が薄い実母である。見舞いに行っても、大層辛そうで、喉の病気だったために私に言葉をかけることも叶わないようだった。

5歳になってふと気づくと、母親の葬式であった。子供のことで葬式とは知らず、たくさんの人が集まって何事か忙しそうにしていたことが思い出される。私に記憶はないが、3歳上の兄兼光からの話だと、母の祭壇の前で、「長持唄」という祭りの歌を歌い、参列者の涙を誘ったそうだ。

「長持唄」は、本来嫁入り道中の長持ちの担ぎ手が歌う、祝いの民謡である。長持ちとは衣類や小物を入れる木の箱で、供の者が肩に担いで運ぶのが一般的であった。江戸時代の大名行列の長持ちの担ぎ手が歌っていたものが全国に広まったのではといわれ、全国に同じような節の民謡がある。

母のあの世への旅立ちに、図らずも華を添えた形である。

わんぱく坊主、兄となる

5人の幼子を抱えた男やもめとなった父を見かねて、父方の祖母、セキが母親代わりとなる。

祖母は小柄で元気者。

苦労人であったからか博識で、世の中のことをよく分かっているようであった。私達兄弟に「若い時の苦労は、買ってでもしろ」など、よく諭してくれたものだ。また、兄姉がいたので、母を亡くした悲しさも和らいでいたかも知れない。

この頃の想い出は、わんぱくばかりして叱られたことである。

自分に都合よく解釈すれば、〝母を亡くした悲しみを、暴れて解消していた少年〟となる。年の割に小柄な方であったが、わんぱくなことばかりしていた。

余談であるが、3年ほど前に小学校の同窓会幹事を頼まれた。

この歳になると、鬼籍に入った者もおり、出席数が少々寂しいことに。幹事としては頭数くらいは揃えたいところだ。そこで、昔なじみに「同窓会に、ちょっと出てくれや」と声をかけたところ、「昔はお前によくやられたんで、そんなんよう行かんわ」と言われた。自分ではそんなに暴れた覚えはないが、和歌山に住んでいる姉からも、「和之さんは、小さい時から怖かった」と私の同級生が言っていたと聞かされ、肩身の狭い思いをした。80歳を目前にして、70年以上も前のわんぱくを糾弾されるとは。人生、何があるか分からないものである。

母が亡くなって2年ほどしてから、きれいな女の人が家に来て、父が「今日からお前達のお母さんになる人だよ」と告げた。

義母は繊細な人であったのに、我々家族ときたら、じいさん、ばあさんはいるは、小さな子供が5人もいる。ましてや農業をしていた人でもなかったので、苦労したのではないかと推測する。

末っ子の私を大変可愛がってくれて、ほとんど叱られた記憶はない。わんぱくばかりして困らせたことを申し訳なく思う。

そのうち弟、妹が生まれ、あまり接点がなくなった。「兄ちゃんになったのだから、しっかりしろ」と父に叱られた覚えがある。

今さらではあるが、女性の育児に対するエネルギーには、本当に頭が下がる思いがする。

私は孫5人に恵まれているが、嫁2人を見ていると、育児とはこんなに大変かと思う。

自分の息子3人の育児は、働いてばかりいたので、ほとんど何もしたことがない。

幸い、気のいい妻の祖母が来て手伝ってくれていたので、大いに助かった。

野球少年をエンジョイする

わんぱく坊主でならした私であるが、小学校へ入学した際は、同学年でも小柄な方であった。近所の矢田小学校である。田舎なので、1学年1クラスで、40人から45人くらいの1学級であった。

朝礼で並ぶと、常に前から1、2番目。よく目だったのか、担任の注意を頻繁にうけることに。4、5年生時代は、毎日のように職員室に呼ばれ、担任の先生から説教されたものだ。

担任の城先生は血の気の多い先生で、何かというとすぐ叩かれ、毎日職員室に呼び出されて怒られた。今では体罰は禁止になっているが、昔は、ゲンコは教育の一環であった。

また、小さいながらも女性陣との相性の悪さはヒシヒシと感じていた。毎日授業終了後に反省会をするが、女子児童から、

「津村君は意地悪をしました」

「お掃除の時にチャンバラしていて、掃除をしていませんでした」などと指摘された。

なぜか私の名前が一番多く、反省会が怖かったことが思い出される。

自分は悪いことをした記憶はないが、ある時先生から、

「お前は開校以来の悪童だ！」

と叱責された。

こうして書くと暗い小学校生活のようであるが、本人は平気で学童生活をエンジョイしていた。悪童たる所以《ゆえん》であろう。

というのも、私には、〝野球〟があったのだ。

野球は大得意で、試合をすれば左腕のエースとして君臨し、並み居るバッターをばったばったとアウトにする。小学生ながら、鼻が高かった。

この頃のスポーツの花形は、プロ野球選手か大相撲力士だ。サッカーはプロリーグの芽もなかった頃。脇目もふらず、野球少年の道を邁進していた。

野球少年も思春期突入

中学校は大成中へ通った。小学校区3地区が進学し、1学年は2クラスとなる。私は野球に夢中で取り組み、3年生時には主戦投手として活躍した。勉強はあまり芳《かんば》しくなかったが、野球では地区大会に出て活躍した。

忸怩《じくじ》たる思いをしたのが、野球と家業の両立である。野球少年は、野球だけに熱中したい。ところが、農業の手伝いで、思い通りの野球一辺倒とはいかなかった。

わが家の家業は農業で、昭和20年代の後半では、まだ現在のような農作業機械はなかった。全て人力頼み、手作業なのである。私は小柄といえども、中学生ともなれば一人前の働き手として期待される。土曜、日曜はもっぱら農作業の手伝いである。

これが北国であれば、冬季は雪で屋外の農作業は難しいであろう。ところが、気候温暖な和歌山県。秋に米を収穫すると、次は麦の二毛作で、一年中屋外で農作業であった。

まだまだ遊びたい盛りの中学生。

仕事が嫌でよく嘘をつき、遊びに行っては晩に帰宅後、父親にこっぴどく叱られた。


思春期のイタズラか、有り余るエネルギーのはけ口を求めてか、無駄にケンカを仕かけてくる輩が増えたのもこの頃。左腕の主戦投手は目立ったのか、1学年下の悪童達がたびたび私を標的にするようになった。


忘れもしない、あれは秋晴れの運動会当日。

運動でエネルギーを発散すればよいものを、いつもの悪童が2人で言いがかりをつけて来た。この年頃は、体の育ちに大きく差があり、体格の差はケンカの強さに直結しがちである。その2人、ぱっと見は私と同じくらいの体格であった。

体格的には勝機ありだが、なにせ相手は2人。さすがのわんぱく坊主上がりの私も恐怖を感じた。

ここで私は考えた。

選択肢は2つ。①とっとと逃げる、②踏みとどまって戦う。

① 中国古代の兵法で、「三十六計、逃げるが勝ち」とも言われている。しかし、逃げると、また次の日に狙ってくるだろうと予測が立つ。

② 踏みとどまって戦えば、今後の禍根を断つことができるか？ もしくはひどい目に遭うかも。仮定の話である。

ここで私は、2人のうち、強そうな主犯格の悪童を一瞬のうちに投げ飛ばした。一か八かの勝負に出たわけである。

馬乗りになって殴りつける……という時に、「こら！ 何しよる！」と寺田教頭先生の野太い大喝に止められた。それで事なきを得たが、先生が来なければ、形勢逆転され、酷い目に遭っていた可能性は高い。

咄嗟《とっさ》のことであったが、強い主犯格を先手攻撃したのが正解で、その時もう一人は傍観していた。

先に弱い方を狙っていたら、主犯格も参戦して袋叩きに遭っていただろう。

主犯格を投げ飛ばしたことで、私の勝利が決まり、その後は相手もおとなしくなった。二度と絡まれることもなかったように記憶している。

「子供時代のケンカを、何をいつまでも自慢する？」という読者の疑問はごもっともである。アホのような話であるが、しかし、この体験が後のビジネスの局面で大いに役立ったのである。

「先手必勝、しかも強い方を攻める」作戦は、後年営業マン時代にもこれを実践し、成功した。たかが子供のケンカであったが、自分には大きな学びであった。実体験として腹にしっかりと締め込んだ心持ちだ。今考えると、やはり、人生に無駄なことはないのだと思う。

一方、学校の授業は嫌いで、あまり真面目に勉強しなかったことを、今は後悔している。中学の学業はさっぱりであった。

家でも、成績向上より、放課後は家業の農業の手伝いが期待されていた。水運び、堆肥運びなど、連日の過酷な作業で、今日の足腰の強さを得た。

高校は地元の御坊商工の商業科に入学し、現在の仕事と180度違う道を選んだことになる。

商業科なので、まずはソロバン・簿記であった。

ソロバンは後々お粗末とそしられる腕前で、せっかくの簿記の勉強もあまり身が入らず、淋しい出来であった。

簿記は、後年、会社経営をはじめてから、しっかり学び直した。

高校野球の遙かに高い壁

勇躍憧れの硬式野球部に入部したが、一番びっくりしたのは、自分が一番小柄な選手であったこと。先行きに不安を覚えたのは、言うまでもない。

それでも、生活の厳しい中、姉と兄が硬式野球用のグラブとスパイクを買ってプレゼントしてくれた。

はじめは親父に「硬式野球になったので、新しいものが必要」と頼んだが、「野球より、家の手伝いをしろ」と取り合ってもくれなかった。

そんな頃に、どこで耳にしたのか、姉富美子が兄兼光に協力を仰いで、一式準備してくれた。うちの姉は野球の細かいことなど知るよしもないはず。

そこを「せっかく憧れの野球部やから」と準備してくれたことに子供心に感激して、オイオイ嬉し泣きした覚えがある。

御坊商工野球部は、前年甲子園に初出場していた。

野球部は人気が出て、新入部員は22人の大人数であった。ところが、厳しい練習のためか、1ヶ月後には5人退部、3ヶ月後は3人退部し、1年後には半分の11人しか残らなかった。

どこの学校でも同じことだが、1年生はボール拾いか雑用係。修業の時である。

2年生になり、やっと守備練習とバッティングの練習に参加できる。一部はレギュラーとしてデビューできたが、私は二軍選手であった。

それでも3年生でのレギュラーを目指してがんばったが、私の野球選手としての致命的な欠点という現実に直面することになる。

中学時代、左腕の主戦投手として鳴らした左利きであるが、実はサウスポーの野球でのポジションは限られている。投手、一塁手、外野手のみである。

御坊商工野球のレベルは高く、投手、一塁手を目ざすのは論外であった。

外野手としてポジション争いに挑んだが、いかんせん肩が弱い。外野手の華、外野からホームへ返球する〝バックホーム〟などは、夢のまた夢である。さらに致命的な足の遅さが災いして、後輩にも追いつかれる始末。

何とか最後まで頑張ろうと思ったが、もはやこれまで。退部を決意した瞬間である。兄や姉に新調してもらったグラブとスパイクの恩が果たせず、そのことも落胆の一因。第1回目の挫折であった。

姉には後々もさまざまに世話になり、今もとても大切に思っている。たまに旅行に行く際など、旅費の援助をしたりして、幾ばくかの恩返しを心がけているが、本人は、ケロッと「そんなことがあったかしら」ととぼけている。

就職活動で厳しさに直面する

御坊商工では、生徒の9割以上が就職を希望していた。高校3年の夏休みも終わると、いよいよ就職活動である。私も初めから就職を希望していた。

当時の高校生の就職活動は、学校へ求人が来て、学校側がふさわしい生徒を企業に推薦する仕組みである。おおむね夏休みが終わる頃から就職活動が始まっているが、この学校の推薦、成績の良い学生から優先してあっせんする仕組みであった。

周りでは、次々に就職先から内定をもらった生徒が出て、男子生徒などは残り少ない学生生活をエンジョイするためか、流行の髪型にすべくポマードをつけて登校するようになる。

就職活動の後半に入り、秋も深まる11月になっても、私には一向に推薦状の話がない。この時は、さすがに悔しさと羨ましさの混在した情けない気分を味わった。

私は思い切って就職担当の先生を訪ね、

「僕の推薦状はまだでしょうか?」と聞いてみた。

「えーっと、君は商業科なの?」

何組、津村和之ですと告げると、

「ちょっと待て、成績表を見るから」

と気軽に応じてくれた。

もっと早く訪ねるべきであったと反省していると、

「あー、君の成績ではね、推薦状はまだまだ後になる。こちらから連絡するまで、待っとれ」と、取り付く島もない。

成績順で推薦するというのはしかたないとして、その推薦はいつになるのか。また、その時に就職口があるだろうか。問い合わせたことで、より不安が増幅される結果となってしまった。


正月も明け、3学期に入り、ようやく紹介を受けた。流通系の企業である。

今でこそ、流通系といえばサプライチェーンの砦、経済活動の要諦であるが、この頃はそんな華やかさの片鱗もない、地味な存在であった。

「先生、怒られるかもしれないんですけど、その会社には行きたくないです」

「何やと？　それならもう君の就職の世話はできない。就職先の紹介もナシだ」

先生の逆鱗に触れ、引導を渡されてしまい、大変失望した。

この時、子供心に「人に頼っていては、何もできない」と肝に銘じた。今にして思えば、自立心の第一歩と思う。


さて、コネなし経験なしの高校生が、いかに就職するか。今のようにインターネット上に情報が溢れている時代とは大違いで、学校の就職情報か、新聞の求人欄くらいしか情報がない時代である。

就職先を悩みぬいている頃、中学時代の仲が良かった友達である西君が、京都の機械メーカーに勤めていることを知った。エライ人でもなく、平社員の若者がつてである。とはいえ、他に何の当てもない。70人ほどの中小企業である。

「京都にある会社」というところが、田舎から出たことがない私の憧れをかき立てた。

小さな希望の光に向かって、早速履歴書と手紙を添えて、就職の依頼をした。

しばらくして、西君から「採用してもよいと言われました」と通知をもらい、天にも昇る心地になった。

機械にも全く興味がない商業科を出た高校生が、機械メーカー就職に向けて、3月中旬に卒業式を終えると同時に、意気揚々と京都に向かった。

この時、親父から餞別の10万円をもらっての出発である。

現在の貨幣価値からして、100万円相当であろうか。息子の門出に、奮発してくれたのだと思う。

昭和30年代のこの頃、農家であれば、長男が家と田畑等の農地を丸ごと相続するのが通例であった。現在のような、兄弟姉妹は均等割という考え方はなかったと思う。

三男の私は、何かもらおうなどとは端から当てにもしていなかったのである。

今思っても、親父の門出への心遣いに、感謝の気持ちでいっぱいだ。今となっては、亡き父に恩返しができなかったことが悔やまれる。

昭和34年のこの年、現在の上皇陛下が皇太子としてご成婚。

4頭立て馬車でのパレードがテレビで実況中継され、大きな話題となる、明るいニュースに彩られた年であった。

第2章

最低の営業マン

社会人の第一歩を踏み出す

株式会社市金工業社。友人の細いツテを頼って就職させてもらった会社である。昭和11年創業の産業機械製造販売の老舗。

首都東京は日本の中心であるが、関西人にとっては、京都も大都会である。その都会の入社式に、私は父親と出席した。

和歌山の田舎の高校を卒業したての私には、詰襟学生服が唯一の盛装である。何の疑問も持たずに詰襟で出かけたが、入社式に臨む同僚を見てみると、スーツかジャケットを着ている。同期生17名が皆その調子で、

「都会っ子は、こんなおしゃれな服装をしているのだなぁ」と、感心した。

私は、工務部内機械部品の原価計算係に配属となった。私より2歳上の女性社員の手伝

いをする仕事である。

私は商業科を出たのでソロバンには自信があったが、入社早々の集計等に、計算違いをしでかした。考えてみれば、もう60年以上も前の出来事であるので、時効と考えて真実を記す。

女性社員は大いに迷惑を被ったらしく、

「あなたは商業科を出たのでしょう？　それにしては計算違いが多いわねえ」と言う。

この女性の強烈な嫌味と戦いながら、5ヶ月ほど経過した頃に、急に仕事が嫌になり、田舎が恋しくてたまらなくなった。

ほんの18歳の田舎出の子供であったので、仕事を辞めて田舎へ帰ろうと決心した。

子供心に、「辞めるのには何か理由が必要だろう」と考えるが、根っから丈夫なので、健康上の理由などがない。

「そうだ、持病の痔を理由にしよう！」と、早速医者に行って診断書を依頼したが、

「君ね、この診断書をどうするの？」

「退社の理由にして、田舎へ帰ります」

「君ね、痔を理由にして会社を辞める人はいないよ。どこも悪くないのに、会社を辞める目的での診断書は書けないよ」

と、却下された。

それでも、一度思い込んだら矢も盾もたまらず。

会社には、

「体調が悪いので退職します」

との理由で、和歌山に帰ってしまった。

世の波にもまれた今となっては、急に田舎に帰りたくなった理由は推測に難くない。世の中には、18歳の私のように、急に仕事を放り出して田舎へ帰りたくなる人もいるかと思う。ここで、問題点と対処法を考えてみよう。

まず、大きな環境の変化があった。その変化は、大きく3つと考えられる。①社会人デビュー、②住環境の変化、③自分の嗜好の喪失、である。

①社会人となり、親父に餞別までもらって勇んで働きに出た。ところが、仕事では先輩に半人前扱いされ、フラストレーションが溜まる。

②田舎で、自然豊かな広いスペースで暮していたのが、一転都会で寮生活である。寝る部屋も先輩と同室。職場も先輩の近くで、一人でいられる場所は皆無となった。ストレス満載の環境である。

③食事も寮母さんの賄いである。自宅のようなわがままは通らない。さらに、和歌山弁をからかわれたりして、自分の慣れ親しんだ言葉の喪失感をもつ。好きなものを楽しめる環境は心の栄養なので、栄養補給がない状態は、活力低下を招く。

こうして書き連ねてみると、「就職したのだから」、「会社の方針だから」、それぞれ仕方のないことではある。ところが、全てが重なってくれば、心身に大きな負担となったであろうことは、想像に難くない。①〜③まで、全て大きなストレスである。

当時は全部自分が悪いと思い込んでいたが、18歳の自分、〝逃げ出して正解〟である。あそこでガマンしていたら、医者に笑われるくらいの軽い病気どころか、もっと重篤な病気になっていたかもしれない。人間、ストレスで死ぬこともあるのだ。

働く現役世代の皆さんには、くれぐれもここまでの負担を自分にかけないように、気を配って欲しいと思う。

また、管理側の皆さんは、従業員にかける負担についての熟考を願う。元気な心が、元気な仕事をするのだ。

少し前に「逃げるは恥だが役に立つ」というドラマが流行ったそうだ。

このタイトル、実はハンガリーのことわざとのこと。自分の活躍できる環境を選べ、ということらしいが、けだし名言である。

田舎に帰ってはみたものの

さて、実家に帰ったのはいいが何もすることがない。

案の定、親父からは、

「和之、〝石の上にも三年〟と言うであろう。半年もしないうちに帰るとは何事か。すぐに会社に戻れ！」

と叱られ、実家にいられない。

当時の社会情勢からすると、順当な反応と言えよう。

仕方なく、近くに嫁いだ姉、富美子の家に行き、面倒を見てもらっていた。そうは言っても、居候である。気持ちの何かが優れない。

2〜3日の間、ウツウツと何をすべきか考え、新聞の求人欄をにらんでも、和歌山の田舎では就職先もないことを実感した。

そんなある日、市金工業社の植松さんという営業課長から、一通のハガキが私の手元に届いた。

怪訝に思って読んでみると、

「会社ではいろいろなことがあったと思うが、もう一度、私の部下として頑張ってみないか」

要約すると、そのような心温まる内容であった。

ビックリした。所属も違い、うっすら顔と名前が一致するくらいの記憶しかない。そのような人が、わざわざ出奔した新入社員にハガキを送って慰留してくれるとは。

世話になっている姉、富美子も、

「わがままで会社を飛び出した新入社員に、こんなことを言ってくださる会社は世の中にないわよ。思い直して、会社に戻ったら?」

とアドバイスしてくれて、悶々としていた気持ちにも、何やらスッキリと整理がついた。

生意気なようであるが、不本意ながら復職を決心した。

会社に戻って、大変バツの悪い思いをしたが、まずは植松営業課長にあいさつに行った。

課長は人のよさそうな顔でハハッと朗らかに笑い、

「がんばりなさい」

と言ってくださった。

後日、人づてに聞いたことだが、課長は、

「津村君は、なんともいえん人間的な魅力があり、何か期待できる青年だ」

と言ってくださっていたそうだ。見ていてくれる人もいるんだな、とジーンときた覚えがある。

当時は、メールも携帯電話もない時代である。本人に「何があったか？」との連絡のつけようもない。

経営者側となった今となっては、〝出奔した新入社員には、ハガキで慰留すること〟というマニュアルがあったと聞いて、さもありなん、と思うのである。

終わりよければすべてよし。

この後、市金工業社には25年間もお世話になることになる。

営業部へ配属となる

中小企業の機械メーカーは、どこの部署でも責任範囲が広く、それぞれが大きな役割を担っているが、特に設計、営業部は花形である。活躍が目立つ代わりに、業績が上がらなければ、それをハッキリと糾弾されることもある。責任範囲が分かりやすいのである。

毎日下を向いてコツコツ計算の日々であった元原価計算係には、営業部はまぶしい憧れの部署であった。

当時の営業部は、専務、部長、課長2名、部下は私を含め男子社員、女子社員各3名で、約10名の所帯であった。

勇躍、営業部へ行ったものの、営業用語は分からず、どんな仕事をするかも分からず、書類を見てもちんぷんかんぷんである。

「まあ、書類を見て、先輩の仕事を見て、おいおい覚えていけ」というお達しであった。

当時の世の中のおっとりした雰囲気どおり、書類の片付けや上長の書類のファイルなど、下仕事を行い、半年ぐらい経った頃に、上司の中村課長（仮名）のカバン持ちがスタートする。

社外に出るので、名刺の出し方や言葉遣いなど、徹底して指導していただき、今でも役立っている。何も分からない前提でしっかり基本から教えてもらえたことは、非常にありがたかった。

原価計算係として一日中下を向いてソロバンをはじいているより、怒られながらも外に出かけたり、人の手伝いを申し出たりすることが自分の性に合っていたようで、営業部の仕事はいつの間にか1年を超えていたのであった。

昔のおっとりした指導も、なかなか良いと今では思う。

いよいよ営業活動を開始！

カバン持ちから1年ほどして一人で営業に出ることになった。

客先の玄関に立つと、「ドキッ、ドキッ」と大きな音がしている。「これは、なんやろう？」と思ったら、耳の中に響く自分の鼓動だ。

今でもそうであるが、大事な商談の際に客先の玄関に着いて、「よし、この仕事は取らなきゃいけないぞ」と意識すると、ドアを開けようとする手が震えていたり、じっと立っているはずの足が震えていたりする。武者震いである。

当然のように、心臓の鼓動も高まる。〝ここ一番の勝負〟という時、営業マンであれば、誰でも経験があるのではないか。

モノの本によると、そのような場面では、戦闘態勢に入ったと脳が感知し、アドレナリンなどのホルモンが放出され、あたかも敵陣に切り込む戦国武将のように体の状態を整えるらしい。体表の毛細血管を収縮させて、傷を負った際の出血を防ぐのが武者震い。体が自在に動くよう、心拍数を高め、全身の血流をアップさせるため、心臓がバクバクいうのである。身も心も、〝ここ一番の勝負〟に備えるわけだ。正常な身体反応である。有事に際し、「震えるなんて恥ずかしい」などと思う必要は全くない。あまりに反応が良すぎて気分が悪くなるような体質であれば、深呼吸をするなどのリラックス法を学ぶことをおすすめする。

さて、心身共に準備万端で臨んだ営業活動であるが、最初は説明が足らないと、よく叱られた。

「お前、何しに来たんだよ」

「何を考えとるんだ。もっと勉強しなきゃならんだろう」

と客先に言われ、次回に備えて足りなかった知識を学んだり、設計部門に質問に行ったりして、次第に知識量を蓄積していった。

それでも、小さな部品の説明や価格などを事前に十分勉強していったところ、違った質問をされたりすると、手も足も出せず応じられないこともあった。

こうなると、客先担当者に笑われたり、叱られたり、からかわれたりで、意気消沈の繰り返し。

あなたは「失敗した！」という時に、どのように反応するだろうか。

〝ふてくされる〟という反応もある。自然な反応と思う。

私が大事だと思うのは、その後である。〝ふて寝〟も良い反応らしいが（ストレス解消になる）、〝次に進む〟こともおすすめしたい。私はこの方法で成功した。

意気消沈のあと、私はまずふてくされ、その後「何がいかんかったかな」と原因究明した。自分では分からない失敗について、

「私はこの機械を、こうこうと説明したんだけど、なんでこうなってるんやろうか」

「この機械を○と言ったのやけど、笑われた。なんでやろう」

と、設計部諸氏に相談を持ちかけたのである。

設計部の面々は、親切な人が多かったので、

「お前、それは機能の説明が違う」

「○と△をごっちゃに説明したんで、笑われたのやろう」

など、正にOJT（オン・ザ・ジョブ・トレーニング）で、質問を糸口に新たに説明してもらい、この積み重ねが、だんだん理解を深めていった。私が非常な努力家であったわけではないが、飛躍的に知識量が増えるトレーニングとなった。

この方法は、自分の未知の分野に取り組む必要が出てきた際には、有効な手段の一つであると考える。ある程度の知識を得た後に、専門家に質問を繰り返すというのは、一人で黙々と学ぶ数倍の効果があるようだ。

〝社内セールス〟を発明する

徐々に業務内容が分かってきた頃、上司から機械装置の見積書作成を命じられた。技術的な内容が多いので、設計者に教えを乞うが、彼らも忙しい時は相手にしてくれない。見積書に出すとなると、気楽な質問とは次元が違う。しっかりとした設計部の裏付けが欲しかった。

特に作業を難しくしていたのが、産業機械製造販売の会社だということであった。〝産業機械〟は、顧客が工場で製品を作る際に使う機械である。ほぼ、一点物のオーダーメイドで、顧客の作る製品、工場内の機械据え付けスペースに合わせて、都度設計開発が必要な特殊な機械である。

技術を売る会社だけに、その部分の見積もりが絶対不可欠。技術者の協力が必要であった。営業部の自分の能力だけでは、手も足も出ない部分が大きい。

ベテラン技術者に教えを乞うが、彼らも自分の仕事を持っているので忙しい。

客先への提出日時が迫るが、肝心の見積書は一向に進まず、進退窮まってくる。それでも諦めるわけにはいかず、すがるように技術者に教えを乞うと、

「君は一生懸命だけど、今時間を取って君に教えてやっても、注文を取れるのか？」

と、痛いところをグサッと突かれた。

おっしゃる通りである。

自分のような新人営業マンが仕事を取れる確率は、能天気な自分でも限りなく低いと予想できた。現実的で、取り付く島もない言葉を浴びせられても、ここで諦めては見積書ができない。必死のお願いを続けるしか、方法を思いつかなかった。

私はこの経験から、〝社内セールス〟の必要性を痛感した。

これは、社内で自分の仕事を円滑に進めるため、人間関係を良好にして、設計を手伝ってもらったらガッツリ売り上げ、良い循環に持っていく、くらいの意味である。

「人間関係を良好に」と言うと、社員が同等の関係のようであるが、営業の若造である私

は、必死に自分を設計に売り込むくらいしなければ、見積もり作業もおぼつかない。他の営業マンと同等なはずがない。

見積もりができない焦りと共に、胸の内で黒い嵐が吹きすさぶ。「会社の売り上げのために協力を仰いでいるのに、何で無視するんだ」、「お客様に頭を下げるなら分かるが、何で自分の会社の奴にぺこぺこせねばならんのか」という思いが交差し、ゴウゴウと頭の中の血流が聞こえるようである。

しかし、相手の言うことももっともであると、頭では分かっていた。昭和30年代のサラリーマンは、実力こそ正義である。

そこで、自分の胸の内で、明るくスローガンを掲げた。

社内で頭を下げる時、胸の内で「これは社内セールスや！」と叫ぶ。設計さんもお客さんと見なすのである。お客様に頭を下げることは、何の苦もなかった。

見積もり作業に協力してもらったら、「案件売り上げ5分の1取れた！」と密かに祝う。不思議と、社内で頭を下げることが苦にならなくなっていた。

実際はまだ案件は取れていなくても、もし見積書ができなければ、可能性は0となる。見積もり作業をコツコツ積み上げ、客先に提出できたら、半分達成である。

〝社内セールス〟に精を出したおかげで見積もり作業も進むようになり、社内での葛藤は減っていった。

会社は順調に業績を伸ばし、気付けば同年輩の営業部員が5人も増えていた。

営業での苦難

私は毎日一生懸命努力したが、相変わらず誤字、脱字、計算違いが多く、一番上司に叱られた。

ある日、事務所には約30人の社員がおり、若い女性も多くいる中で専務に呼ばれ、「津村、何だ、この見積書は？　こんな見積書を客先に提出すると、とんでもない失態になるだろうが！」

と、大きな声で怒鳴られた。

その後、部長も上司である中村課長も呼ばれて大説教を受け、私は自分よりも両上司に申し訳なく、暗い一日となった。

数日して、中村課長からまたしても大きな声で書類の不適確を指摘され、叱られる。

今の時代ならパワハラで訴えられるかというほどの激しい叱責が、毎日のように続く。

上司に叱責され、つまらない間違いをする自分が情けなかったが、一番恥ずかしかったのは、女性の前で怒られたことである。

年頃の独身男性であった私は、数名いた女子社員に、

「津村君、また叱られている」

と思われているのであろうと想像すると、身の置き所がなく、どうしたらよいのか途方に暮れた。無念であった。


今の時代であれば、ワープロのスペルチェッカーで誤字・脱字はチェックできるし、エクセルなどで計算すれば、間違えようがない。

本当に便利な時代になって、素晴らしいと思う。

上司も、同じ間違いをする部下を叱る、という底なし沼にモノを投げ込むような不毛な時間が節約できるようになる。パソコンなどのＩＴ機器の発達は、本当にありがたいことだ。


その頃、同郷の親友西君を誘って、夜、酒を飲みに行った。

西君には、会社を紹介してくれた恩義もある。和歌山県の同じ小学校、中学校に一緒に通った仲間である。一緒の会社にいて、寮でも一緒で、大変心強かった。

ところが、酒を飲んでも、西君にさえ自分の失態を打ち明けることができない。口にするのもはばかられるほど、恥の気持ちが強かった。

悶々の日々は続く。

ある時、同僚の仕事ぶりに接する機会があり、その上司への対応を見て感心した。その同僚は、野球に例えるならば、あたかもカーブ、フォーク等の変化球を自在に使いこなしているように見えた。

直球勝負ばかりでは、上司には太刀打ちできない。分かりやすく説明するため、視点を変えたり、例を挙げたりして相手を納得させるのである。

これまでの私は、

「何故私だけが叱られるのか？」

と、自分の中ばかりに原因を探していた。たかだか高校を出てから2、3年の青年に、解決法の引き出しが多いはずもない。また、叱られることで萎縮して、視野も狭まっていたのであろう。

亀が危険を察知して、固い甲羅に首を引っ込めていたような状態である。

同僚や、先輩などの多数の営業マンが、毎日同じように仕事をしていたはずであるが、甲羅に隠れていては、周りを見渡すこともできなかったわけだ。

設計部門の人に教えを乞うたように、営業手法も、周りに学ぶ重要性を感じた。

〝学ぶ〟とは、日本の古い言葉の〝真似ぶ〟から来たと言われている。

先輩諸氏の優れた手法をよく観察して、まねられるところは、どんどん取り入れるべきであった。

この頃、アメリカ合衆国では、ジョン・F・ケネディが大統領に就任し、ソビエト連邦（現在のロシア）のガガーリンが人類初の宇宙飛行に成功し「地球は青かった」という名言を残したと伝えられた。

世界が、第二次世界大戦の陰から、明るい未来へ向かいつつあった。

〝最低の営業マン〟と呼ばれる

「最低だ！」と言われた経験が読者諸氏にはおありだろうか？

日常会話の軽い冗談ならともかく、部下を叱責するのに、「最低」とは、ずいぶんと強い侮蔑の表現である。

「叱られ続きだったから、発憤させようとしたのでは？」

というのとは、少し事情が違う。

私は、職場の同僚が全員いる前で、

「新人営業マンの中で、おまえは最低だ！」

と、中村課長に吐き捨てるように言われてしまったのだ。大ショックである。

ことの起こりは、叱られ続きだった頃から、少し後のこと。

同僚の仕事ぶりを学んだり、社内セールスに精を出したりした努力の積み重ねからか、

「これは、少し何とかなってきたかな？　今週は叱られていないな」とふと思い至った。

ところが、まだまだ甘かったのである。


ある時、上司から一人で新規の客先に説明に行くよう指示された。

客先は、岐阜整染。昭和18年創業の、現在も活躍する繊維染色加工の老舗である。

昭和30年代の日本の主な輸出品は綿織物などの繊維製品や鉄鋼、船舶などであった。中小の工場では、繊維関係が多かった。綿花を輸入し、織物に加工、染色加工して仕上げ、輸出するのである。

産業機械を得意とする市金工業社の製品も、当時は繊維関係の割合が高かった。


岐阜整染は、当社の機械を購入する予定の重要な客先である。

私は緊張もあったが、内心で、「少しは営業マンとして成長したと評価されたのか？」と全力で立ち向かう意気込みで、勇躍客先の玄関に向かった。

客先は4人出席され、説明会を開始した。

説明会といっても、資料はほとんどない。

というのも、未だゼロックスコピー機もなく、設計図は手書きでトレーシングペーパーなどに描いた物を青焼き（ジアゾ複写機）というアンモニアで現像する方式での複写が一般的な時代。

今のように、パワーポイントであらかじめプレゼンテーションを組み立て、詳細な資料をクリック一つで何部も作成することが可能になるなどとは、夢にも思わなかった。

説明用の資料に数点の写真などで説明するのだから、説明者の力量によって、内容が大きく左右される。

私は、必死にわが社の産業機械の特性や優れた点を説明した。これまでも何度も同じ機械の説明をしてきたので、自分なりにしっかりプレゼンテーションをできたと思う。

ところが、客先の社員は一様に首をかしげたり、腕組みしたりして浮かぬ顔である。

特に、客先の年配の技術者は、私の説明に疑問を感じたようであった。

「君、その作業効率のところをもう一度説明して」

「その部分は、普通はこうやるよね」

等々、私の説明では、技術的な疑問に答えられなかった。

途中から、

「君、この部分は、こうだよね」

と客先が助け船を出してくれる始末である。それでも、十分な説明とならなかったようで、挙げ句の果てに、

「君の説明じゃ分からん。前の担当の田中君に変えてくれ！」

と言われてしまった。

流石《さすが》に前任者の名前まで出されると、二重の衝撃である。

「担当者を変えてくれ！」という客先の社員の声が耳から離れない。この時ほど、情けない思いをしたことはなかった。営業マン、失格である。

〝お前ではダメだ〟と言われたことが情けなく、思い出すと、今でも涙が出てくるくらいの辛い記憶だ。


会社に帰ろうと思うが、もうだめだ、だめだ……と思い、足が前に進まない。よく〝足が鉛のようになる〟と言うが、まさに、その時の自分の足は鉛であった。

ふと見ると、大きな川が流れている。

長良川であった。

木曽三川の一つで、たゆたうような雄大な流れである。鉛の足を引きずり河原へ降りると、そよそよと気持ちのよい風が吹く、なんとも長閑《のどか》な自然の景色に囲まれた。

キラキラ光る川面を見ていたら、突然涙がものすごい勢いであとからあとから溢れ、止まらなくなった。

その時、涙ながらに考えたことは、

「社内でも不評。営業マンとしても、客先の担当者に交代を要求される体たらく。こんな自分のサラリーマン人生は、もう終わりか？」

情けない思いばかりが浮かんでは消えた。身の置き所がない、というのはこういう感覚かと思ったら、さらに泣けた。

悔しくて、わが人生で一番屈辱を感じた時であった。

世の中に奈落の底があるならば、これ以上の底はないところまで落ちたと思った。


どこをどう帰ったのか。

帰社すると中村課長から、早速の叱責が飛んできた。

「岐阜整染に何をどう説明したのか？　先方から、改めて上司に説明を聞きたいと電話が来たぞ」

というので、このようにしかじかと説明しましたと報告する。

すると、吐き捨てるように、

「君は本当に駄目だな。新人営業マンの中で最低の男だ！」

と、とどめを刺すような言葉を浴びせられたのだ。

今にして思えば、ここで辞めず、辛抱して本当に良かった。

自分に限りなく自信がなく、「よそへ行っても雇ってくれないだろう。万一雇ってもらっても、またいい加減なことをしでかすのでは」と思ったのだ。

「ここで踏ん張らなあ、仕方ないやろ」

そんな、諦めにも似た気持ちであった。

ここで辛抱できたのは、〝長良川号泣事件〟があったおかげである。

自分でも「最低だ」と思い詰めてストレスの塊になっていた。

その自分自身を、号泣することによって、わけも分からないまま、解放させていたのである。

自然と号泣でストレス解消

ストレス社会が問題となって久しい。その解決策の一つに、「自然に親しむこと」があるらしい。『NATURE FIX ~自然が最高の脳をつくる~（NHK出版）』では、自然、特に水辺や緑の多い環境に身を置くと、人のストレスは大きく軽減されるという報告が書かれている。

「自然の中で15分過ごせば血圧とストレスが低下して気分がよくなる一方、45分過ごせば認知機能や活力、熟考する力が増し、3日過ごせば創造性が50％向上するという驚きの実験結果」（同書より引用）

確かあの大失敗の日は、長良川の河原で日が傾くほどの長い時間を過ごしたのであった。ストレスが、かなり軽減されたに違いない。

また、〝泣く〟ことは、ストレス解消の有効な手段の一つである。

涙を流すと、自律神経が緊張や興奮を促す交感神経優位状態から、脳がリラックスした状態である副交感神経優位状態へスイッチが切り替わるといわれている。この作用で、スッキリしたストレス解消効果が得られる。

近年では、〝涙活〟なる言葉が出てくるほどで、「1粒涙を流しただけで、ストレス解消効果は1週間続く」という科学的なエビデンスもあるという。

私は、図らずも〝長良川号泣事件〟のおかげで、短慮に走って出奔することなくこの難局を乗り越えることができた。

「今、もう、本当にピンチだ！」という読者の方は、水辺や緑豊かな環境へ行き、泣ける小説やＤＶＤ等で涙を流し、ストレス解消してみてはいかがだろうか。

光明が見えてくるかもしれない。

第3章

覚醒、最低から最高へ

成長への芽生え

今にして思えば、人前で「おまえは最低だ！」と罵倒するなど、パワハラの極みである。

ところが、昭和30年代にそんな概念は存在しなかった。

パワハラの権化のような上司の中村課長は、技術面の知識、営業力は認められているが、自分に甘く部下には大変厳しい人だった。ある意味で、自分に正直だったのだろう。

髪を伸ばし気味にして銀縁メガネの、当時としてはおしゃれな人であった。

ところが、人手不足の営業部が他の部署からの配置換えを計画しても、

「えー、中村課長の下ですか？　イヤ、ちょっと……」

と、どんどん逃げられてしまう。社内にその悪評が響いているほどの名物課長。

補充要員は、誰も来ようとしなかった。

そんな中村課長の下で働く、〝最低の営業マン〟の私は、何かにつけて細かくチェックを入れられた。

客先訪問の予定表を出しても、

「注文も取れない所に行って何になる？」

と、いちいち嫌味を言われた。一事が万事で、毎日が針のむしろである。それでも、「頑張るしかない」と心に決めて、客先訪問を続けた。

そんな頃、兵庫県西脇市の客先へ非常に熱心に通った。播州織工業（現在の播州織工業協同組合）である。

西脇市は、先染め織物の播州織が有名で、江戸時代から地場産業として織物が盛んな土地柄だ。

先染め織物とは、先に糸を染色し、色糸で織る生地のこと。縦糸と横糸のパターンで柄を織り出すので、縞柄やギンガムチェックといった生地ができる。

この生地の次の工程が、染色仕上げ加工である。

生地は、織ってそのまま出荷するわけではなく、できたてホヤホヤの生地は、ゴツゴツしていたり、加工用に糊が付いていたりと、正に〝生〟の状態だ。

それを、表面がスムーズになるように蒸気で蒸して落ち着かせたり、糊などを除去したりと、生地の種類によってさまざまな仕上げ加工を施す。こうして、初めてわれわれが知るような〝生地〟となる。

そのための機械として、織物の毛羽《けば》をかき出して柔らかな風合いにする起毛機や、空気を含ませてふっくらと仕上げるエアータンブラーなどがある。

播州織の工場は、第一次世界大戦後にはいち早く東南アジア向けに先染め織物の輸出を行っていた。私が通った昭和30年代には、アメリカ市場を始め、ほぼ世界全域を商圏としていたようだ。生産ラインが何本も走る、大規模な工場である。

通常は担当者に会う営業マンが多い中、私は直接社長（理事長）に会いに行った。

社長のタイプは2通りと思っている。

自分で事業を興し、現場の誰よりも会社の事業に精通している現場社長。もう一つのタイプは、歴史ある企業で、取引先の銀行などから財務のお目付役的に、もしくは天下り先として出向してきている金融社長。

この会社は後者で、現場の生産ラインについては、ほとんど知らないようだった。

実務家ではない村上理事長は、毎週のようにやってくる駆け出しの営業マンの私が説明する染色仕上げ加工ラインの話を、熱心に聞いてくれた。

私は、会社に帰れば針のむしろである。

自然と、足が向くのは、話を聞いてくれる理事長のところ。せっせと通っているうちに、ちょうど生産ライン刷新の時期に当たった。

現場には、もちろん生産管理の工務部長がいて、自社に最適な産業機械の目星をつけていたはずである。

ところが、村上理事長からの、

「津村君は熱心で、いい奴やから、買ってやれ」

という鶴の一声で、あっと言う間に2億円の注文を受けた。

染色加工ライン2本分であった。

その頃の2億円は、勤め先の市金工業社にとって、年間売り上げの10分の1。たいへんな大手柄だ。

私の在職中にわが社でこんな大金星を挙げる営業マンが出たら、〝金一封〟か、〝臨時ボーナス〟の一つや二つ、ポンっと出しても惜しくないほどの大成功である。

ところが、帰社して報告を上げても、大した褒め言葉はなかったように記憶している。周りの反応も、あまりなかった。

……つまり、中村課長が全部自分の手柄として社長などの上司に報告していたのでは、と推測する。ヤレヤレ、であった。


何はともあれ、受注した事実は、自分が一番分かっている。

〝最低の営業マン〟から一歩抜け出した実感がジワジワとわいた。底を見てきただけに、嬉しさもひとしおであった。


この話には、後日談がある。

契約後、半年ほどで機械完成の竣工式があり、当社の川口社長と、大西専務が招待を受け、出席された。

ところが、その席上で客先の村上理事長に、

「何で今日は津村君が来てないの？　僕はね、津村君の熱心さ、誠実さに感心して貴社に

発注したのだが。肝心の主役抜きだな」

と、問い詰められたとのこと。

当社のトップ2は、

「これは、やられたな」

と思い至り、大変バツが悪そうに困っていたと、後日、客先の担当者がこっそりと私の耳に入れてくれた。

この事件の頃から、少しずつ、自分の営業マンとしての成長に手応えを感じ始めた。

東京へ転勤する

その頃、大恩人の植松課長は部長に昇進して活躍され、東京営業所を開設と同時に、初代所長として赴任されることとなった。入社半年で田舎へ帰った新入社員の私に、「もう一回働いてみませんか」という、仏様のようなハガキをくれた方である。

「おー、市金工業社も、いよいよ東京進出か。景気のいい話や」と思っていたら、何と、私と同僚が部下として東京へ赴任することになった。現地雇いの女子事務員を合わせて、4人の小所帯でのスタートであった。

初めての東京である。

昭和39年に東京オリンピックが開催された直後の東京は、オリンピック以前と大きく変容していた。

当時の日本にとって、東京オリンピックは国を挙げた一大プロジェクトであった。代々木競技場などのスポーツ施設から、地下鉄・モノレール・首都高速道路といった、大規模な社会インフラが新設された。

東海道新幹線が、オリンピック開催直前に開通。多数のホテルの開業と共に、国際都市東京の原型がこの時に整ったと言えよう。

また、〝オリンピックを一目みたい〟と国民のテレビ購入が増加し、昭和37〜39年の好況は「オリンピック景気」と呼ばれた。

そんな近代都市へ一大変身を遂げ、生まれ変わった東京の下町は人形町近く。東洋精糖さんの洋糖ビルの一角を借り、市金工業社東京支社がスタートした。

「さすが、東京だわ」

初の上京での、正直な感想だ。

電車も地下鉄もどんどん来るし、人はケタ違いに多いし、人の歩くスピードが速い。東京を中心に、日本は動いている。言葉の違いからか、東京と関東一円の人は〝紳士やなぁ〟と感心する場面が多かった。

群馬県の客先で、「関西の人は、何でも値切るんですってね」と言われ、商習慣が違うことに気付いた。関西では、八百屋の大根1本でも値切る。もちろん、産業機械であっても、皆が当たり前に値切る。

今どきはスーパーやコンビニなどの「定価販売」が主流になっているようだが、値切るのは店側と客との一種のコミュニケーションである。商談は時間がかかるのが大前提で、丁々発止のやりとりの末、双方納得の落としどころを探すのである。

ことに、昔の大阪では、値切るし、嫌味は言うし、関東圏のお客とは全然違う。

東京に来て、「コッチのお客さんは、定価とまではいかなくても、値段があっさり決まるな」と感心した。

〝江戸っ子は、宵越しの金は持たぬ〟と言うが、何でも始末してしっかり貯め込む関西圏の文化と大違いである。さまざまなカルチャーショックを乗り越え、営業活動を続けた。

東京での受注で、お褒めの言葉をいただく

東京で営業活動を開始して、社運をかけた新型機械を第2号機として受注した。たった半年の活動での快挙である。

受注したのは、市金工業社得意の染色仕上機械の新型機械。合成繊維は、織り上がった後に熱加工をする。洗ったあとに縮んだり、シワになったりするのを防ぐ加工を施す装置だ。本社の1号機に一歩遅れての受注だったが、開所半年での受注である。所内一同、喜びに沸いた。

「慣れない東京でようやったな」

と、所長からお褒めの言葉をいただき、「大恩ある植松所長に、少しは恩返しができたかな」と、内心、少し自信を持ちかけた。

好事魔多し。

またしても、悪い方の性格が出てきてしまった。

その頃、ある客先で、機械設備の試験機の引き合いをもらい、見積書を提出することになった。

セオリー通りであれば、キッチリ設計から積算をもらい、諸費用を勘案して見積書を作成する。

ところが、機械から、諸条件から、見たような内容である。

「あれ、この機械、この前のやつと一緒やな」と、勝手に自分の判断で見積書を作成し、客先に提出した。

客先から連絡を受けて会社を訪問し、機械の内容、価格等の説明をしたが、担当者が首をかしげている。

「君、これ、前提条件が違うのではないの？」

と納得してもらえず、業を煮やした担当者は、

「あー、もう君じゃ分からん。所長さんに来てもらって」

と言われてしまった。

万事休す。

所長に事情を説明して、拝み倒して同行してもらい、再度の訪問である。

ところが、

「こんなこと一々言いたくないんだけどさ、見積書の諸条件もボロボロだし、頼んだスペックからしたら見積もり金額が、ちょっとこれ、かけ離れた金額というか、あり得ない高額だし。御社は、本気で見積もりしたのかね？」

等々、散々担当者から苦情をくらい、冷汗三斗、所長も詫びて事なきを得た。

帰社途中で、温厚な植松所長からさすがに、大目玉を食い、長い説教をされ、大反省を強いられた。また迷惑をかけてしまった。

「カッパの川流れ」、というが、まだカッパほど上手く泳げるようにもなっていないうちから、「これで大丈夫やろ」という、〝いい加減虫〟が出てきた。大失敗の巻であった。

植松所長の本社復帰

東京赴任後、1年ほどすると、植松所長は本社の部長に復帰され、上司は元上司の中村課長になった。市金工業社は京都工場が手狭となり、滋賀県へ移転。何と、中村課長は滋賀県に在籍したまま東京支社を見る、という体制である。

東京所長は事務所におらず、自由に営業活動ができるようになった。以前に比べると、少しは客先にも顔を覚えてもらえるようになり、徐々に仕事も増えてきた。20代の私は、東京の雑多なエネルギーが性に合い、伸び伸び働いた。

一部上場の会社からも商談があり、私の技術説明に納得され、翌年には受注に成功した。2台の新型機械の受注である。大型受注に手応えを感じた。

私は不思議とお客さんに可愛がられ、信頼してくれる人が多かった。社内の評価とは大違いだ。営業努力も実ってきたのか、設備計画案も多く出てくるようになった。

ある年の正月、本社川口社長に同行して関東圏の客先へあいさつ回りに行ったところ、

「津村君はよく勉強してるし、頑張るし、将来の幹部候補ですな」

とお愛想を言ってもらった。社長も喜んで、気分よく帰っていった。

ところが、上司の中村課長は滋賀県と離れた東京へも、電話で指示を飛ばしてくる。電話説明では現場のニュアンスはなかなか伝わらず、見当違いの指示も多かった。

「こんなこと言うたら何ですが、それはちょっと違うような……」

と指摘しても、あの中村課長である。

「ごちゃごちゃ言うとらんと、言われた通りにしとけ！」

相変わらず、上から目線である。

私も、自分に自信が付き、態度も大きくなったのだろう。電話で指示してくる中村課長と、たびたび衝突するようになってきた。

ある時、些細な案件で対立して大激論になり、大変な亀裂が生じた。職場環境が、どんどん気まずくなっていった。

慢性的な金欠

東京は物価が高く、薄給の身では万年金欠の時期が続く。住まいは会社負担であったが、日常の出費で、本当に手元に現金が残らなかった。

営業活動で関東各地を訪問する際の交通費、宿泊費、日当等は会社負担となるが、それ以外は全て自己負担で、毎月末になると現金不足になる。

営業マンは、出かけられないと仕事にならない。そこで、出張前には前借りさせてもらい、清算は給与の支払時であった。給料袋の中に精算書が同封されて前借金が差し引かれ、手元にはほとんど現金は残らないから、また前借である。悪循環の繰り返しになる。

給料が手渡しから振り込みになった頃のこと。

ボーナス日なのに現金が振り込まれてない。周りの所員は、皆振込額を見てきて、ほくほく顔である。なにか、不都合でもあったのであろうか。経理に確認することにする。

本社の経理部長に電話して、

「すみません、今日はボーナス日やったと思うのですが、振り込みがなくて」

と確認すると、なんと、

「あー、君、それ前借金と差し引いたから、振り込みはゼロ。前借り、多いんじゃないの」

という、冷たい返事である。「給料を上げてくれ」と、切実に思った。


そうこうするうちに、何故か本社内で風評がたった。「津村は金遣いが荒いのではないか。前借りが多くてけしからん」と、上層部が怒っているというのである。

情けない限りであった。

そんな中、中村課長との意見相違が多くあるおりから、〝金遣いが荒い〟ことを口実に本社に呼びもどされた。

「このような転属の理由があるのか」

と非常に疑問に思ったが、給料を押さえられていては、対抗策はない。

私は東京にも慣れ、営業成績もまずまず。苦手な直属上司は事務所におらず居心地がよかったが、命令に従い無念にも退却した。

大金星は、繊維の巨人「日本紡績」日参から

この頃の関西の繊維向け産業機械業界は、会社の規模、歴史、実績などで鉄壁のランキングが存在していた。

1位　京都機械
2位　和歌山鉄工
3位　F社
4位　市金工業社

わが市金工業社は、新興企業ながら4番手につけていたのである。とはいえ、京都機械の6分の1程度の規模であった。

ある時、日本紡績の設備計画を知る。

日本紡績は明治22年創業の老舗中の老舗。創業当初は、「尼崎紡績」であった繊維メーカー。業界再編を生き延びてきた合成繊維が得意な一部上場企業であった。

産業機械は製造ラインを担う機械である。それゆえ、導入後も、メンテナンスにフットワーク軽く対応してくれる企業が歓迎される。万一故障などの際に、同一の企業から機械を複数台購入していれば、共通部品が多く、現場で部品を共用できるなど、使い勝手が良い。

一方、新規の機械を導入する場合は、新たにメンテナンスに備えてスペアパーツを準備する必要がある。また、作業手順が変わったりする場合は、従業員の教育も必要となるので、新規の機械を入れるなら、それだけの効率アップやコストダウン等が期待される。

日本紡績は、当時、業界1位の京都機械の製造機械がほとんどのラインを占めていた。業界4位の市金工業社に勝てる確率はなかったが、工務部の白井課長に日参して、設備計画に参入を依頼した。

さて、なぜ勝てる確率がない日本紡績工務部に日参したか。

当時は、現在と比べて、非常に情報が少なかった。情報を取るには、担当者を訪問し、対面で話を聞くのがベストであった。日本紡績で受注できずとも、業界情報や、横つながりの新規設備投資情報は、客先訪問でしか得られないのが実情の頃である。

イメージとしては、先日孫に教えられた、「となりのトトロ」の少し後くらいであろうか。会社や事務所には電話があるが、一般家庭にはあまり見かけない頃である。

電話普及率は、まだ10％に届かないくらい。気軽に個人に連絡が取れる、携帯電話1人1台の現在からは想像もつかない状況である。

日本紡績受注秘話に戻ろう。

私は、日参しつつ、白井課長に市金工業社の機械の特徴、技術力を説明した。さすがの私も、何のネタもなく日参はできない。

そこで、工夫した。

機械の説明などの際に、白井課長が質問してくると、すぐに答えられる質問であっても、1つ2つをわざと答えずに持ち帰るのである。

「あー、すんません、それ、持ち帰って調べてきます」

と言って、次に会うチャンスを作った。何回も繰り返しているうちに「君んとこは、すぐ答えも返ってくるし、熱心やし、いいね」とのお言葉をもらえるようになった。

マーケティングの世界では、同じ長さの時間会うのであれば、こまめに何度も会う方が、勝率が上がるといわれている。

例えば、トータルで2時間の時間が使えるのであれば、一度に2時間会うより、30分で4回会う方が強い。

これを、〝情が移る〟という。

白井課長はいい人で、ある日内定情報を教えてくれた。

「新規の設備投資はね、今まで通り、京都機械で進んでいるよ。熱心に来てもらっているのに悪いね」

と言われる。

本来ならば、なかなか聞けない情報である。やはり、日参して、毎日少しずつでも顔を合わせて話した結果であろう。

京都機械に内定、さらに競合の和歌山鉄工も営業活動を続けており、わが社は圧倒的に不利な位置にいた。

もし、私が日本紡績で受注できれば大変なお手柄でもあり、競合会社に衝撃を与えられる。何か秘策はないかと考えた。

業界4位の市金工業社は、微妙な位置にある。

技術力、実績とも申し分ないという評価は得ているが、突出した特徴はない。他社の追随を許さない特許を持っているわけでもない。

そうはいっても、産業機械であるから、客先の製造ラインにピッタリ合う物が納入でき、現場の声を真摯に聞いて調整・試運転を行い、納入後のメンテナンスを気持ちよく行って実績を作っていけば、チャンスはあるのだ。特に、繊維の仕上げ機械の場合は、性能自体にさほどの差はなかった。

まだ営業マンの経験が浅い頃は、引き合いがあれば注文が取れると思っていた。

大間違いであった。

有名企業から見積もりの依頼を受けた際は、条件変更の度に二度も三度も見積書を出し

ても、わが社の規模では単なる合見積もりだけ。結局は京都機械などに注文を奪われた、

さて、日本紡績の新規設備投資である。

今までの苦い経験があったので、今回は慎重に気持ちを引き締めて取り組むことにした。するると、例の日参していた白井課長が私の努力を認めてくれ、工場長始め、各担当者の前での説明の機会を与えてくれた。

もし、工場側が私の説明で納得すれば、良い方向に進む千載一遇のチャンスである。

今思い出しても、よくぞあれだけの手持ち資料でプレゼンテーションに臨んだと思う。ほぼ、徒手空拳であった。

当時は、プレゼンテーション用のパワーポイントもなければ、まだオーバーヘッドプロジェクターもなく、持参した機械の設計図や資料だけでの説明である。

勇躍説明会へ向かうと、わが社の技術部長と同行で訪問予定だったのだが、何か事情ができたのか、待てど暮らせど、現れない。焦りはつのり、窓の外は紅葉が見える晩秋であるのに、何だか嫌な汗が脇をぬらす。

場所は、日本紡績の山崎工場である。

大阪と京都の中間辺りに位置する山崎は、サントリーの山崎工場で有名な、水がきれいな土地柄。うまいウィスキーは、良い水から生まれるのである。

染色も同様で、清浄な水があるところに染色工場が栄える。

しばらく窓の外の紅葉を眺めた。

本音を言えば、尻尾を丸めて逃げ出したい気分である。しかし、心の中を覗くと、「自分でやるしかなかろう」と、構える自分がいた。


せっかくのチャンスであるので、ここは腹をくくる。10分待った段階で、白井課長に詫びを入れ、技術部長が来られなくなったので、自分で説明すると伝えた。

携帯電話がない時代ならではの、手に汗握るドラマであった。


大きな会議室に、工場長始め各担当者がずらりと着席している。15人ほどの技術者が、揃いの気が利いたデザインのユニフォームを着て待っていた。さすが、繊維の日本紡績である。その時は、きれいなユニフォームが壁のようにそびえていると感じた。

「このチャンス、一度きり。失敗は許されない」

そう自分に宣言すると、足は震え、心臓はドキドキで破裂しそうである。例の、武者震いだ。何としても頑張らなければ、失敗すればその場で終わり。

この業界の設備は、15～20年に一度更新する。次のチャンスは、下手をすると20年後である。一発勝負、負ければ0点、勝てば100点の厳しい戦いである。

それから約2時間近い時間をかけて、特殊熱処理機の説明をおこなった。無我夢中で、あっと言う間の2時間であった。例によって、青焼きの図面と見積もりだけの、簡素な資料である。

突っ込んだ質問には、黒板を使って詳細を説明する。

失敗を繰り返した経験を生かして、今まで説明で詰まったところは潰してから臨んだので、自分としてはまずまずの手応えであった。

一時が万事のんびりの時代であるから、結果が気になっても、

「社内で討議があって、その後承認印をもらうのに1週間はかかるよな」

と分かってはいるが、待ちきれない。

それでも、4~5日ガマンのうえ、工場を訪問した。

「先日の説明で、納得いただけたでしょうか」

と進捗《しんちょく》状況の確認をした。

あいにく、その日は工場長が不在で、白井課長と面会した。

「津村さん、まだこれだけど」

と口の前に人差し指を立て、正式に承認が終わったわけではないと前置きし、わが社採用で進んでいると教えてくれた。

感激であった。

私の拙い説明でもよく理解してくれたそうだが、プレゼンテーションに出席していた大矢工場長は、なんと、東京大学工学部熱力学の出身と聞き、いまさらながら震撼した。

さらに、である。

大矢工場長が私を認めてくれ、

「これまで実績はないが、よく勉強している市金工業社に発注してもよい」

と言っておられたと聞き、勿体ないような気持ちとなり、胸が熱くなった。

大金星で社内セールス

日本紡績受注には、余得があった。

受注後、客先との打合せの際、わが社の須佐美技術課長と日本紡績へ同行した。この課長、実は、私のことを社内でボロクソに言っていた、アンチ津村の先兵である。

ところが、まさかの日本紡績受注で、「おやっ」と思ったようである。

受注が決定すると、設計者と共に客先へ打ち合わせに行く。設計の詳細を詰めるのである。須佐美技術課長と同行し、打ち合わせをはじめると、客先の技術課長が来て、どんどん質問が来ても、私が采配を振るって回答し、反対に、

「この場合はどうですか？」

「ここは大丈夫ですか？」

と、要点を押さえて確認事項をどんどん潰していくのを目の当たりにした。須佐美技術

課長は、どうやら私の説明に感心したらしい。その後は、見積もりの際も、決定後の打ち合わせも、何でも言うことを聞いてくれるようになった。

アンチ津村から、いきなりのごひいきさんへ昇格である。

須佐美技術課長は、ほかの営業マンの担当分は部下に回し、私が持ってきた案件は優先して自分で担当してくれるようになった。熟練の技術課長の応援である。非常に仕事がスムーズに回り出した。

「津村は必ず取ってくるから、優先してやってやれ」

と、部下にも言ってくれるようになり、社内セールスの成果が上がってきた実感を得る。

その後須佐美技術課長は、私の無理難題にも積極的に協力してくれたことは言うまでもない。

日本紡績の大矢工場長は、後年社長になられた。

喜びと嬉しさで、心から繫栄をお祈りした。

思いがけない受注

業界2位の和歌山鉄工の地元の客先で、和染興業という染色会社があった。

ある時、訪問先で、噂の段階だけど、と前置きはあるものの、

「どうも、和染興業で機械設備の計画があるらしいよ」

との情報を得た。

「こりゃ、エライコッチャ」

と早速、当の和染興業を訪問し、担当者に真偽のほどを確認した。

何しろ、情報が少ない時代である。小耳にはさんだら、あとは足で稼ぐしかない。

ニュースがあったら、飛び込んでいくしかない。

「そんな遠くへ行ったって、負けるに決まっている」

と、最初から動かない営業も多い。行って戦わないのは、なまくらな営業である。

和歌山は私の生まれ故郷だ。突撃あるのみ。

和染興業の担当者からは、

「地元ですからね、和歌山鉄工さんで話は進んでいます」

との情報を得る。

初めての客先のため、情報がないし、今のようにインターネットで調べるなどの方法もなかった。

どのように攻めるか。

業界の知人などの情報から、この客先の内田社長は超ワンマンであることが分かった。

そして、社長の弟が工場長である。社長にはなかなかアポイントメントが取れるものではないが、工場長は意外に会ってくれる場合が多い。

早速、内田工場長を訪問して、和歌山鉄工との違いを力説し、売り込むことにした。

例の、マーケティング理論である。

何度も訪問するうちに、内田工場長と親しくなることができて、さまざまな情報を入手したが、そのうちの白眉たるものが、「ワンマン社長は和歌山鉄工しか知らない」というもの。

知らなければ、市金工業社を紹介すればいい。

親しくなった内田工場長に、

「お忙しいことは重々承知いたしておりますが、一度内田社長にごあいさつをさせていただけませんか」

と橋渡しをお願いしたら、

「あー、だめだめ。社長は、君のような若造には絶対会わないね」

とあっさり断られた。

がっくりである。しかし、ここで引き下がるわけにはいかない。

「それでは、わが社の機械を工場長から社長様へご推薦いただけないでしょうか？」

無茶振りである。

「君は無理難題を言うが、もう和歌山鉄工で話が進んでいるから、ひっくり返すのは、大変なことだよ」

と諭された。

そうは言っても、こちらは若造である。世間の常識に遠慮する気はなかった。

結局、社長の弟さんである内田工場長の尽力で、市金工業社で機械設備工事をさせていただくことに決定した。望外の大金星である。

他人様のことであるが、和歌山鉄工が地元の客先を失うことは、大変な衝撃であったと思う。相撲に例えるならば、幕内最下位が、横綱級を倒した金星にあたる快挙である。

第三者の目からは、和歌山鉄工には、〝地元だから〟、〝地の利があるから〟、〝今までのお付き合いがあるから〟という、油断が透けて見えた。

私には、普通の人ができない営業もやれるという、自信を得られた受注であった。

初めての見合い

仕事の後は、親友の西君とよく酒を飲んでいた。特段趣味がない男は、仕事帰りは居酒屋である。

その頃、職場は結婚ラッシュであった。

同僚の多くが結婚していくのを羨ましく横目で見て、西君と、

「互いに、そろそろ嫁さんをもらわねば」

と、呑気に酒の肴にしていた。

まだ、他人ごとであった。

当時は、見合い結婚と恋愛結婚が半々くらいの割合で、戦後急激に伸びてきた恋愛結婚が見合いを逆転しそうな過渡期であった。

和歌山の親父も心配していたのだろう、ある時、

「いい娘がいるから帰って来て、見合いせんね」

と、会社へ電話連絡が入る。

「とうとう来たか！」と期待に胸を膨らませ、夕方帰郷した。

親父は酒を飲みながら、

「明日見合いをするからな。そんで、おまえは養子に行け」

とのことである。いきなり明日が見合い、さらに養子である。

仰天した。

見合い当日となり、相手（陽子）の実家の居間で顔合わせをした。

陽子は、大成中学校の後輩で、同郷である。

私は29歳の後半、陽子は19歳で地元の信用金庫に勤めていた。少し年は離れているが、当時は、いい年回りの範囲である。

見合いというので、私は営業で培ったセールストークの見せ所とばかり、張り切って話しをする。

ところが、どうも一方通行である。

陽子から前向きの姿勢は見られず、がっかりした。

しかし、いきなり断られることもなく、その後二度ほど帰郷して、田舎町の喫茶店などで話しをしたが、満更でもなさそうだった。

陽子はおっとりした性格で、信用金庫の女子行員である。昔は特に、女性の活躍できる職場は限られていて、金融機関勤めは、一つのステイタスである。

内心で、

「実はしっかり者ではないか?」

と推測していた。

後に陽子は私の妹節子と同級生であると聞いた。節子の話では、陽子は小学校、中学校時代、成績が首席であったという。

19歳の陽子は、さすがに一、二度のデートでは結婚の決意ができず、恋愛結婚の流行もあって、決断に踏み切れない様子であった。

ところが、陽子の祖母である満寿が私を気に入ってくれて、結婚を強く勧めたらしい。先方から結婚の承諾を受けたのだ。

陽子は妹がいるだけで、私は7人兄弟の5番目。

事前に、うちの親父と先方の祖母で、私が養子に入ると進めていたと思われる。陽子の祖母も養子を望んでおり、願ったり叶ったりの話として喜んでいたらしい。

私が、

「大変素晴らしいお話ですが、ちょっと、養子は……」

と渋ると、陽子の祖母は、

「和之さんなら、この際、養子でなくてもいいですよ」

と、陽子本人よりも積極的になった。

しかし、先方はＯＫでも、うちの親父は養子にこだわった。

わが家は農家で、姉2人がすでに嫁いでいたが、その嫁入り道具の出費でお金がない。この上に費用がかかると大変だと思ったのであろう。

関西圏では、嫁入りに大金をかける。

名古屋が特に有名で、嫁入り道具を載せたトラックに紅白の幕を回しかけた〝嫁入りトラック〟なるものがあるようだ。

このトラック、後戻りしないように（出戻らないように）、タクシーに先導させ、綿密にルート取りして走行するといわれている。引っ越しなどで通れない場合は、祝儀を渡して一時道を譲ってもらうこともあるとか。

親父にすれば、結婚式をしたらお金がかかる。

養子に出したら、結婚式の費用は向こうもちにしてもらえる。

そこで、

「和之、お前養子へ行け」

と。なかなか乱暴な話である。

私は、親に負担をかける積もりは毛頭なかったが、子供の心、親知らずである。

「名前が変わるのが困るな」

と渋っていたが、再度説得され、年老いた親父の意見を聞き入れた。
私は結婚後、〝津村〟から〝山下〟に名前が変わった。
親父も私を気遣ってくれていたことが、今なら分かる。
私はどれだけ親孝行したのだろうかと、今になって悔やまれてならない。

結婚へ向け、貯金生活

めでたく結婚も決まり、式場探しを開始したが、自分にほとんど貯金がないことを思い知らされる。親父には、頼らない前提である。

ここから、結婚式までの6ヶ月で貯金に猛スパートをかけた。

生活態度を変え、酒も遊びも全部やめ、給料の大半を貯金し、ボーナスも貯金し、節制した。30万円ほど貯まった。

人間、やればできるものである。


結婚式は、滋賀県の文化会館で安価に挙げることができた。

陽子は白無垢、私は借り物のモーニングである。

費用は、何とか貯金でまかなうことができた。

全て自分で支払い、費用の心配をする親父に負担をかけなかったことが、唯一親孝行と思っている。

新婚旅行は北海道へ行った。伊丹空港から出発し、羽田空港で乗り換えである。結婚式後であるから、羽田の東急ホテルで1泊後、北海道へ向かった。

ホテルのレストランでの夕食時、陽子が、海老フライを一生懸命に食べている。私はビールを飲みながらそのひたすら美味しそうに食べる姿を見ていて、大きな責任を感じたのである。

「家族」ができた実感だ。

家族がきちんとごはんを食べていけるように、自分がしっかりせねばと。

当時の私は、中村課長をはじめ、上司には認めてもらえず、毎日不満を募らせていた。

「このままでは陽子を幸せにできない、何としても仕事を充実させなければ」

と思った。

無事に新婚旅行から帰り、住まいは社宅である。

同じ社宅に住む上司を、二人であいさつに訪問した。なんと、中村課長のお隣である。戦々恐々として訪ねると、意外や意外、中村課長は大変喜んでくれた。

こんな一面もあるのかと、その頃から上司との距離が縮まった。

陽子は、中村課長の奥様に大変かわいがってもらい、お世話になったようだ。

新婚当初は2間の社宅で生活したが、間もなく陽子の祖母から、

「和之さん、私も是非同居したいのですが、どうでしょうか?」

と相談された。

義祖母は、孫が可愛かったようで、同居を切り出したのだ。

陽子の親は自転車職人で、あまり愛想がない。

反対に、私は陽気で冗談もよく言うので、陽子と一緒に行きたいという願望があったようだ。

義祖母本人は、元は食堂の女将さんで、さばけた人柄である。

また、せっかく来たいと言ってくれているのであるから、「しょうがないな」と思いながらも、同意した。それから三人での、楽しく希望に満ちた生活が始まった。

後日談であるが、義祖母は、一生懸命に曾孫の世話をしてくれて、結果的にはわが家は

本当に助かった。

　義祖母の同居のおかげで、陽子は結婚後も勤めを続け、同じ和歌山の信用金庫の滋賀支店に転勤した。

　昭和45年は、大阪万博が入場者６４２１万人を集め、日本中が21世紀に夢を膨らませた年である。

　一方、日本航空機よど号ハイジャック事件が発生して、世間を震撼させた。

労働組合の結成

ある時、市金工業社の労働組合を結成したので、集まってくれと連絡が入った。

私は、何のことやらサッパリであった。

「労働組合とは何だ？」と思いながら説明会に出席した。

私達従業員には事前説明もなく、

「労働組合を結成しますので、同意してください」

との執行部の説明である。

私は同意に納得がいかない。

「納得できないから、組合には入らないよ」

と反対意見を述べたが、社員は全員組合員となるので、勝手は許されなかった。

多勢に無勢。

私は会社側ではないが、労働組合にはなじめず、心の底から嫌いであった。活動にも、ほとんど参加した覚えがない。

経営側との団体交渉が上手く進まなかったのだろう。社内でのデモ行進、その後は一ヶ月間のストに突入した。

1ヶ月、勝手に休むのである。

ストの解除後は、労使双方、共に大打撃を受けたことは言うまでもない。

ストをやるのは勝手だが、その間の生活費は誰がめんどうをみてくれるのか。労働組合へ問い合わせると、

「労働組合の基金がありますから、そこから借りてください」

「借りたら、返さんといかんのでしょう？」

「もちろんです。金利は、市中金利と同じくらいです」

当時の日銀短プラは6・25％ほど。やけに高い金利は、当時は当たり前であった。

あまりの傍若無人、無為無策に、

「お前らの言ってることは、てんで話にならんわ」

と怒った。

「一体、会社も労働組合も何をやっているのか？」

会社の規模からいったら、組合活動より、営業活動ではないか、と先行きの心配で悶々としていた。

悪い予感は当たるもの。思った通り、会社の業績が悪化し、社宅を手放すことになった。約半年後に社宅を転売するということで、転居を余儀なくされる。

新居建設

社宅から少し離れた場所で、友達の勧めもあり木造平屋を建築することになった。当時は大和ハウスや積水ハウスや、ミサワホームなどのプレハブ住宅が流行り始めた頃。時代に少しばかり逆行していたが、檜の建物を建てた。

住宅関係の友達が岐阜県の飛騨高山出身で、檜の建物をやりたいという。

木造平屋の素晴らしい家で、値段も頑張ってくれた。

確か４７０万円で土地込み、60坪のマイホームである。

もちろん祖母の部屋も作り、妻と一緒に喜ぶ姿を見て、

「良いことをしたな」

と実感した。

北陸駐在

その頃、中村課長から、

「北陸に駐在所を設営するが、山下君、君、頑張ってみないか？」

との打診が。

予備知識ゼロであったが、妻の陽子に相談もなく、赴任を即答した。その夜、陽子と義祖母に北陸に行く旨を伝えたら、

「あら、お魚が美味しいらしいわよ」

「雪はどうなのかしらね」

と、一家で行くことになった。一人では、不自由であろうとの配慮である。

心残りは、建築後たった1年半の新居である。そのままにするのは心残りであったが、すでに心は新天地、北陸金沢に向かっていた。

ところが、である。

上司から、

「気楽に行く行く、と言うが、北陸に行くのであれば、本社に帰っても居場所がないかもしれない。北陸に骨を埋める気持ちで頑張ってくれ」

と言われ、いきなり片道切符である。

とはいえ、ストばかりの本社から出られると思うと、ぱぁーっと青空が広がる心持ちであった。

私達一家は、賃貸アパートで、二人の子供と義祖母の五人、見知らぬ土地での生活を始めた。

北陸に来た次の日から、本社でデモを行っているのを尻目に水を得た魚の心境である。

事務所は私達のアパートで、私は外で営業活動に専念し、陽子は育児と客先、本社からの連絡の電話番と会計係だ。

陽子は、5、6000円の手当で手伝ってくれた。会計に明るいので、大変助けられた。

檜の家は、赴任後間もなく売却。
折からのインフレで750万円ほどとなり、これを頭金に金沢で家を買った。
今回は2階建てになり、子供が増えても、ゆったり暮らせるようになった。

北陸駐在所の営業活動

こうして、市金工業社北陸駐在所の営業を開始した。

テリトリーは、福井県、石川県、富山県で地域内の、約35社１００工場の客先に特殊機械装置を販売する。

現在は少なくなったが、この頃、北陸は繊維産業の一大産地であった。

各社を訪問して責任者、担当者にあいさつし、話の合間に設備計画があるか確認する。２週間ほど活動して内容を整理し、そのうち、具体的な計画を持っている客先を優先して訪問を重ねた。

マルニ染工が設備計画を持っていることを知り、早速営業活動の始まりである。本社のデモ時には営業活動は禁止されているが、北陸までチェックするわけがない。無視して営業を続けていた。

嶋川常務と掛川工場長を訪ねて、市金工業社の技術、北陸に営業所がある利点を徹底的にアピールした。

2日か3日の間を置いて、技術と自分の熱心さをアピールし、説得を続けた。ライバルは、和歌山鉄工である。彼らは、専務へアプローチしていた。

ところが、専務は機械整備についてはノータッチである。

嶋川常務と掛川工場長に徹底的に営業をかけた熱意で当社に決定し、北陸赴任3ヶ月で第1号を獲得したのである。

現場責任者を交渉相手に選んだことが、勝利につながった。

北陸初の大金星

装置産業の会社は、社長、専務、常務、工場長、各担当はあるが、機械設備となると、機械管理、内容、決定権は工務部長が握っているのが通常の組織である。

工場部門が有名な小松精練が、大変な設備計画をしているとの情報を入手する。早速工務部長を訪ねて、計画の正確な情報入手に努めた。

小松精練は、他社にない製品開発に成功し、売り上げ、利益が急上昇していた。前途有望である。

設備投資の計画は、機械装置を3年間で11台の入れ替えで、総計10億円の、目の玉が飛び出るような壮大な計画である。工場も、第1、第2、第3にまたがる大プロジェクト。

わが市金工業社の当時の売り上げは年間17億～20億円。この規模の会社からすると、11台10億円の設備は夢のような計画である。

ここで負ければ、私にかかる責任と風当たりは強大になるであろう。それより、そもそもの会社の存続にかかわる。大変なプレッシャーだ。

小松精練の綿崎工務部長は大変勉強家で、機械の技術面にも精通し、社長の信頼が厚い人物である。

その工務部長が、私に衝撃的な発言をした。

「山下さんには悪いけど、この設備は、F社が良いと決めていて、すでに、各工場長に進言しています。残念だけど」

目の前が真っ暗になった。

確かにF社の機械はコンパクトで、省エネルギー化に成功した機械である。技術面、機械面、省エネ等、どこを見ても、わが社が負けていることは歴然としている。ラインを助ける工夫が随所に見受けられた。

私はこの瞬間、悟った。

「この部長を相手にしていては、負ける」

作戦変更である。

私は翌日から工務部を避け、現場の工場を直接訪問して、手強い工務部長を敵に回しての戦いである。

作戦変更でチャンスの女神が微笑む

第1は工場長、第2と第3は専務が各工場のトップである。そこに活動を切り替えた。当然のことながら、トップも工場責任者も、自社製品の技術等は熟知しているが、機械設備のことは、工務部に任せきりで、あまり詳しくない。

本社勤務時代に逆転劇を演じた方法を用いて、徹底的に自分を売り込むことにした。特に第3工場が一番先に設備するので、専務兼工場長に集中して日参したのである。

専務は、織田さんという、任侠映画に出てくるようなたたずまいの人であった。高倉健か鶴田浩二かという、苦みばしったいい男である。

昔の人は個性的というか、ひと癖ある人が多かった。

不思議と私と馬があったので徹底してこの人のところに通った。相性も大事である。

「製造機械は、一般の機械と違って、こうです」

「工務部はこのように説明していますが、実は……」

毎週のように通っては、手を替え品を替え、説明するのである。

織田専務は機械のことなどあまり知らない、文系のバックグラウンドの人であったが、一生懸命説明を重ねた。

工場に顔を出すと、事務員さんにまで、〝山下さん〟で知れ渡るほど、通い詰めた。

専務も情が移ったのか、私を大変可愛がってくれたが、注文を取るまでは、緊張の連続だった。

「仕事の技法」

毎週のように通ってきて、同じような話ばかりする営業など、うっとうしい限りである。私は、「熱心に説明する」とひとくくりに書いてきたが、要点は少し違うかもしれない。

北陸駐在所へ赴任してから、箸の上げ下ろしにまでケチをつけるような上司や経理部と離れて、精神的に余裕ができていた。

不思議なもので、「自分一人しか頼れない」「自分のやったことは全部自分で責任を取る」と思ったら、腹が据わったのか、お客さんを取り巻くあれこれに細心の注意を払うようになってきたのである。「言葉だけではないメッセージ」の重要性に気付いたのだ。

「そうだね」と言いながら、別の人を見る。

「うーん」と唸って腕を組む。

……かなり、よくないサインだ。

反対に、

「それ、本当かね？」と眉間がぱぁーっと開く。

「なるほど」と大きくうなずく。

これなら、納得しているサイン。


営業マンであれば普通のことかもしれないが、自分で意識せずに言葉以外のメッセージに注目するようになった。

後年、内閣府参与まで務めた田坂広志さんの著書『仕事の技法』（講談社現代新書）で、この言外のコミュニケーションを〝深層対話の技法〟と書かれていて、我が意を得たり、と思ったものだ。

営業にも、企画にも、人事にも共通する〝根幹的技法〟について書かれていて、「それは、対話の技法である」という。

人のコミュニケーションは、２割が対話で、残りの８割が言葉以外のメッセージといわれている。

その８割をしっかり感じ取るためには、毎回の反省が必要と説かれている。

これまでの営業活動で、最低と言われながら、毎回のように、

「客先にこう言われましたが、どこの説明が足りなかったでしょうか」

と設計部に教えを乞うたり、失注した際に反省文を書かされたりしてきたことが、〝根幹的技法〟を磨く修練になっていたようだ。


また、キーパーソンの見極めは外せないところだ。

発注の意思決定を最終的にする人は誰か。前出の「作戦変更」のところでも取り上げたが、すでに強固意思決定済みの人にいくら売り込んでも時間の無駄である。職位が上位の最終決定権がある人を見極めることが大切である。


私の時代は、分かりやすくそんなことを説明してくれている書籍などなかった。若い世代の営業職の皆さんは、先達の教えを学ぶことも大きな成長の糧となるに違いない。


もちろん、接待で行くゴルフやマージャンでは、パーティーのお荷物にならずに、客先を上手に勝たせるなどは、昭和世代でも分かる営業手法である。その際、

「本当に真剣に取り組んだのに、辛くも負けた、悔しい！」

という勝負は、イヤでも盛り上がる。

このくらいに持っていける、もしくは演技できる手腕は必要だ。

しかし、織田専務はマージャンも強く、手加減云々することなく、私は本当に必死で頑張っても負けた。

織田専務は、私のその必死さを、気に入ってくださっていたのだと思う。

早すぎた昼食のおかげで大金星

小松精練の話に戻る。

設備投資の時期が迫っても、F社かわが市金工業社か分からないままである。ある日、11時頃であったので、

「専務、少し早いですが、お昼に行きませんか」

と昼食に誘った。専務がよく利用している、高級な寿司屋に行くことになった。

寿司屋ののれんをはね上げ、ガラガラっと入り口の戸をあけると、入り口近くのカウンターで、綿崎工務部長とほかの業者とがすでに寿司をつまんでいた。

織田専務は、カウンターを通り過ぎる際に、

「綿崎工務部長、わしのところの工場の機械は、市金の山下さんに決めたからな」

と言い放った。

わが社の勝利を実感した、天にも昇る歓喜の瞬間であった。優良競合会社F社に大きな一撃と、衝撃を与えたことの二重の喜びを満喫した。

この時の私の勝利には、偶然が大きく作用している。

新規の機械を入れるので、多少のリスクはあるが、繊維関係の産業機械であるから、性能にものすごい差があるわけではない。

任侠系の外見通り、織田専務は人間関係を重視する方であった。

取引先に日参するスタイルは、今の人には馬鹿らしいと思われるであろうことは、想像に難くない。

そうは言っても、小松精練の針の穴を通すような偶然に出会え、幸運を拾うことができたのは、現場である客先にいたおかげなのだ。

やはり、神様か仏様かのお助けで、努力する者には〝チャンス〟をつかむ瞬間が巡ってくるように思う。運も大事である。

オンライン形式全盛であれば、このスタイルの中での工夫を重ねてみてほしい。

バーチャル空間の神様か仏様が、〝チャンス〟を巡らせてくれるだろう。

わが市金工業社が小松精練社との大型商談を設立させたとの情報は、あっと言う間に業界に伝わった。社内でも、小松精練社綿崎工務部長から連絡が入り、

「山下さんの努力で、機械は市金工業社に決定しました」

と、決定事項として改めて伝えられた。

後日、当社社長と私が同道して小松精練嵐社長にあいさつに伺った。わが社川口社長も丁重に応対したことで、正式に決定された。

ストばかりやって倒産寸前の会社が、この受注を境に、順調に業績を伸ばして行くことになった。

第3工場に決定して約一週間後、次の納入をする丸田第1工場長、第2工場長の田中専務に挨拶とお願いのために訪問し、地盤の強化をはかったことは言うまでもない。

小松精練社には、3年間で11台の機械を導入していただいた。

もしこの商談で市金工業社が敗北していれば、会社は倒産し、私の今日はない。現在も、お世話になった市金工業社は、優良企業として活動されており、頼もしい限りである。

余禄として、私の北陸での知名度が一気に上がった。

わが市金工業社への恩返しは続く

客先訪問前に営業の説明と当社技術者との食い違いがないように、社内摺り合わせを前日に行う。その際に、勝野設計課長から、衝撃的な事実を耳にした。

この業界の重要な計器は、当時Y社製を使用することが当たり前とされていた。

ところが、である。

Y社は、市金工業社の業績悪化を知り、

「おたくと直接取引は厳しいですわ。中間に商社さんを経由してください」

と言ってきたのだ。

寝耳に水。大ショックである。

確かに、財務状況が危機的な会社に売り掛けし、倒産されれば丸損である。当然の危機管理であろう。

労使関係の不協和音や、デモ、ストは知っていたが、自社の経営状況が仕入れ先から直接納入を拒否されるほど大変な状況であることが思い知らされ、愕然とした。

一介の社員にすぎない私であるから、経営マインドまでは理解できないが、Y社のその所業は、あまりにこすっからく感じられた。

「今まで多くの取引をしてきたのに、少し業績が悪くなればそんな仕打ちか」

と歯がみする思いであった。心に浮かぶのは、

「ならば仕返しを！」

男心の血が騒いだ。

私は技術課長にたずねた。

「計器の納入業者に、Y社のほかに、自信をもってすすめられる会社がありますか？」

「富士電機社は、品質に自信がある。でも、山下さん、いいんか？　大事な客先の機嫌を損なうのでは？」

と危惧した。

客先の機嫌を損ねずに新規の計器を導入するのが、腕の見せどころだ。

「心配ご無用」

と言って笑っておいた。

機械を納入するに当たって小松精練社との仕様打ち合わせが始まった。会議は順調に推移し、問題の計器メーカーの選定に入った。工務部長は当然の如く、Y社製計器の使用を指示してきたが、わが社は、富士電機社製を希望した。

「山下さん、それは駄目だ。Y社にしてくれ。既設機械もY社だからね」

「本当に申し訳ありません。ほかのことは何でもご要望に沿いますが、計器だけは無理をお受けいただき、なんとか富士電機社製でお願いします」

と懇願した。もちろん、技術課長仕込みの富士電機社説明資料や図面はバッチリ完備してお示しする。

しかし、大企業は前例主義である。

今までうまく行っていたものを新規に変更するリスクに対して、忌避感がかなり強い。打ち合わせは膠着し、懇願と駄目だの応酬で時間が過ぎていく。

私は粘った。

性能は、Y社も富士電機社も変わらない。コストダウンになる点を強調し、将来的な予算削減になるという比較表を示す。

とうとう部長は根負けしたのか、

「分かった、山下さん、富士電機社製で、絶対大丈夫だろうな」

と確認してきた。

同席しているわが社の技術者に、

「部長が心配されてああ仰っているけど、大丈夫だろうね？」

と念を押し、決着した。

会議が終了して帰社途中の車の中で、わが社の設計課長が感謝してくれたのは言うまでもない。

この一撃で、傲慢なY社からわが社は勿論、他メーカーも次々に離れ、急激に売り上げを落としたそうな。

おごれる者は久しからず。

大型商談が決定し、わが社を軽んじたY社に打撃を与え、他人にできないことをやってのけたと、気分爽快であった。

北陸駐在所の快進撃

小松精練社からは約束通り、3年間で11台の発注をいただいた。今でも、ありがたさに頭が下がる。

小松精練に納入したニュースは、北陸の繊維産業のお客様に瞬く間に広がり、市金工業社と私の名前が知れわたる。

この影響で順調に受注量が伸び、会社に貢献できたことに、非常に満足している。

この大金星の影響は大きく、今までは、

「え？　市金工業社？　知らないな」

と門前払いを受けることもあったのだが、確実に担当者に面会できるようになった。

小松精練での実績を高く評価して、ほかの客先もわが社の機械を採用してくれた。

しかし、全てがうまくいかないのが世の常。

逆に反感を持たれ、F社に敗北することもある。

ある客先の技術出身の専務に、売り込みをはかった。

私は自社の持っている技術、特徴、対応の良さなどを説明したが、F社のコンパクト化、省エネルギー化を指摘され敗北した。私が見ても、玄人受けする良い機械である。さもありなんと納得する。

しかし、全体的に見て敗北するケースは少なくなり、北陸では72%のシェアを誇った。わが社の実績は、他社を圧倒した。

それでも逆転劇は続く

私が金沢に赴任する以前、機械の不備、対応の悪さで逆鱗に触れ、出入り禁止を食らった客先があった。

酒井繊維である。

私がそんなことを知らずにあいさつに伺うと、

「市金工業社か！」

と、いきなり面談を拒否された。

恐る恐る、別の担当者に過去に何があったかを問うと、かつての対応と態度の悪さを耳にした。ああ、勿体ない。こんなことで引き下がれないと、攻略方法を考えた。

ワンマン川崎専務が会社を牛耳る一部上場の酒井繊維社は、その専務が部長時代に市金工業社とのトラブルがあったそうであった。

「わしの目の黒いうちは、市金工業社を入れることは相成らん」

との通達が社内に回されていた。

私は、何も知らぬふりをして、設備計画がある三田村工場長を訪問した。

工場長は開口一番に、

「山下さんは、わが社と市金工業社の不穏な関係をご存じないの？」

と、のたまう。


酒井繊維は、小松精練とはライバル関係にあった。

三田村工場長へ、小松精練の最近の業績向上と、その業績向上にわが社の機械が貢献していることを懸命にアピールした。

三田村工場長の眉毛がぴくっと反応したのを見逃さない。

「山下さん、その、納入した機械について、ちょっと詳しく教えてよ」

いきなりの興味全開である。但し小松精練との守秘事項は当然除外する。守秘義務を遵守することは、大事な信用である。

酒井繊維としては、ライバル小松精練の納入機械を知るチャンスである。しっかり食いついてきた。

私は本来の図々しさを活かして、再三訪問してわが社の機械販売に尽力した。

ある時、製造機械の見積書を提出したら、工場長より、

「かなり難しいことだが、ちょっと専務を説得してみる」

との嬉しいお言葉があった。

待つこと数日。工場長から電話があり、工場訪問を依頼された。

工場長は明るい顔で、

「山下さん、大変苦労したが，専務を説得できましたよ。市金工業社へ発注の許可が出ました」

と伝えてくれた。

本社に決定の報告をすると、中村課長が、

「本当か？　そんなことはあり得ない」

と大変な驚きようであった。なかなか信じてくれないので、内示書をＦＡＸする。

上司の鼻をあかしたこと、出禁の企業からの受注と、二重の喜びに浸った。

経由する商社は伊藤忠商事福井支店である。

担当の横山機械課長に報告すると、

「うそやろ！　考えられない」

と、驚いたことは言うまでもない。失礼千万であるが、気持ちは分かったので、やはり内示書を送った。

内示をいただいた三田村工場長は、後に社長に昇格された。喜ばしいことである。

当時の業界ではあり得ないことであったようで、頭の固い担当課長達の驚愕ももっともであった。

この受注で、私の社内評価がガラッと変わった。実績を認めたためか、うるさ型の設計課長も、製造部長も、

「おい、山下！」

から、

「山下所長」

と呼び名が変わった。

出る杭は打たれるが、出過ぎる杭は打てない。

最低の男と言われていた私が、トップセールスマンになった瞬間でもあった。

逆転劇はまだまだ続く

また、新たな客先、倉庫精練の工務課長にあいさつと営業活動のため訪問する。

あいさつ時に、いかにも不満顔である。嫌な予感はあったが、営業の話になると途端に話を打ち切られた。

予感的中である。

「山下さん、折角来てくれて悪いんだけど、市金工業社さんの機械を買う気はないよ」

とハッキリ言われてしまう。訳を聞いてみると、

「市金工業社の機械は、故障が多くて営業マンの対応が悪い」

「市金工業社と取引すると大迷惑」

このように忌憚のないご意見を拝聴する。

機械が動かないと生産が止まり、商売にならないので怒るのは当然である。〝絶対に故障のない機械〟はあり得ないので、故障の前の定期メンテナンスや、定期訪問で壊れる前

の予防が大切である。

「（機械の）調子はいかがでしょうか」の一言が会社を救う。

いったん壊れてしまうと、おおごとになってしまうからだ。

また、もし故障しても、

「動かないよ」

と連絡を受けたら、

「これは困った！」

と逃げたくなるところだが、逃げる代わりに現場に駆けつけるが吉である。

長年扱っている機械なら、営業でも故障が起こりやすい部分や初期対応はイヤでも覚える。

現場でできることは、思いのほか多い。

私は内心で思う。

「前任者は、何故こんなに怒らせたのか？　何をしていたのであろうか？」

平身低頭して詫び、仕方なくその場を後にした。

それにもめげず、再度訪問する。

前回より少し冷静になったのか、具体的な問題点を指摘された。わが社の営業も技術も問題点に向き合わず、放置していたことが判明した。理詰めで指摘されると、当方の落ち度がハッキリする。

また訪問して、

「これまでご迷惑をおかけしてきまして、本当に申し訳ありません。担当が変わりましたので、今後は私が対応させていただきます。お話だけでも伺えないでしょうか？」

「いや、もう、本当に市金工業社はこりごりで、御免被ります」

と引導を渡された。

「この高桑課長さんでは駄目だ」

私の〝逆転発想〟で戦おうと決意した。

早速、課長より遥かに職位が上の大森工場長に営業をかける。小松精練、酒井繊維での実績、いかに高評価を得たかを熱心にアピールした。幸い工場長は外部からの情報を収集しておられ、私の説明に納得いただく。

同じ会社なのに、工務課長との見解が大きく違うことに勝算を見出した。

それからは、私の粘りと熱心さを、工場長に知ってもらうべく日参した。

数日後、工場長から、

「山下さんだからお知らせするけど、実は、社内では市金工業社の機械購入に反対の意見があるんです。でも、山下さんなら大丈夫だと思います。信頼していますよ」

と発注をいただいた。


数日後、工場長を夕食にご招待し、発注いただいたお礼を申し上げたが、

「いやー、山下さんの熱心さは素晴らしいですな。コツコツと勉強もする努力家ですしね。一番グッときたのは、人間性ですよ」

と過分のお褒めの言葉をいただいた。

会社、技術も大切だが、自分の信念と、人間性を信頼してもらうことの大切さを学んだ。

私は誰よりも多くのお客様、社長、専務、常務、工場長、各担当課長、担当者の皆さんと面談し、注文をいただき、時には叱られ、褒められ、技術も学んだ。

より多くの体験をできたことに、手応えを感じる。

逆転劇の方法

どの業界にも言えることだが、通常、設備機械は既存のメーカーを選ぶ。

理由は、発注する責任者は、今まで問題なく順調に稼働しているのに、自分が新たに変更して、失敗すれば責任が生じるからである。

工場側も、同一機種を設置しておけば部品の応用ができるので、既存のメーカーを希望する。

営業活動で訪問すると、まず言われることがある。

「山下さん、申し訳ないけど、うちの工場ではほかの会社の機械を入れているので、むずかしいなぁ」

余程のメリットがないと、新規採用は難しく、トップはオーケーしてくれない。儲かる気がしないのであろう。

しかし、実際には、当時の繊維産業の機械は、長年各メーカーがしのぎを削って努力しているので、他社を圧倒するような大きなメリットを持っているものは少ないのである。

通常の営業マンは「新規変更はなし」と納得して諦めて帰るが、業界4位の市金工業社は、諦めれば浮かび上がることができない。

市金工業社を支持してくれない人を敵に回しても、受注可能な方法をとる。一発勝負の業界ではいかなる理由でも勝たねばならない。0か100かだ。

そこで、私は違う部署を訪問して、誰が発注権を持っているか情報収集に努める。キーパーソンの見極めである。

多くの会社で共通することだが、決定権を持つ人物は、親分肌で技術・情報等に精通し、アンテナを広く張り巡らせ、よく勉強しておられる。

職位も上位であるから、面談では、技術説明はもちろん、自分の姿勢を含めて売り込まなければならない。私は常に前向きに熱心に日参し、自分自身を売り込むことにしている。

この方法が功を奏したのだろう、なかなか真似のできない逆転劇を演じられたことは、営業マン冥利に尽きる。

私は、

「この人を納得させれば、かならず受注につながる」

と見極めたら、機械説明をする。

相手は情報通であるから、多くは納得してくれる。そこで、質問に対しての回答を少し保留にして、再度面談できるように、自分で宿題を残す。

「ここは、最新情報を調べてお返事します」

私の執拗さとご本人の忙しさで、頻繁な面談には辟易するのだろう。

「いやいや、山下さん、いちいち来なくてもさ、返事は電話でいいよ」

と言われる。

電話で終われば楽であるが、自分を売り込む機会を逃すわけにはいかない。何度も本人に会えば、情が移る。

熱心に製品を売り込み、自分も売り込むチャンスと思い、必ず訪問して説明を繰り返す。

そのうち相手が根負けして、

「分かった、何とかしよう」

と言ってくれるのである。ますます売り込むノウハウが分かってくる。

柳の下にドジョウはいない

丸三社を訪問して、相も変わらず担当者に会い、営業活動をしていた。

今回は新規機械の設備でなく、改造工事である。社内で打ち合せを済ませ、担当者の栗本課長と小西専務にあいさつに行く。

私の名刺を見た先方が、

「何だ、市金工業社じゃないか」

と一瞬で顔色が変わるのを見て、悪い予感がした。

「市金工業社が何しに来た？　君の会社には、過去大変な被害を受け、本当に迷惑した」

とお怒りで、栗本課長に向かって、言葉を続けられた。

「何で市金工業社なんかに仕事を出すのか？」

「すみません、改造なので、元の納入業者の市金工業社さんへお願いしました」

「市金工業社なんかでは、満足なものができないぞ」

ますます怒りがヒートアップするが、栗本課長が他に選択肢がない旨を説明し、その場は終わった。

後日、工事も完了したので小西専務にあいさつに伺うと、

「実は、新規の設備機械の計画もある。君の努力は認めるが、市金工業社だけは許すことができない」

と、またお叱りを受けた。

何故、ここまで客先を怒らせるのか。

流石に今回は修復することができず、新規機械はF社に敗北した。

随分昔の話だが、三波春夫さんという大ベテランの有名な演歌歌手が、観客の前で何時も、「お客様は神様です」と、語りかけていた。

私は、客先で苦情を聞くたびに、それを思い出すのである。

〝神様〟を、わが社は怒らせてばかりいる。

これでは、繁栄は望めない。

北陸営業所の業績

当時、市金工業社の売り上げは、年間約20億円程度であった。

私の率いる北陸営業所は、毎年コンスタントに年間約7億〜8億円を受注し、大健闘だったと記憶している。

北陸におけるわが社の占有率は先にも述べたように約72％であった。

私が北陸駐在所として赴任し、2年後には金沢営業所に昇格した。それまで自宅で済ませていた営業事務も、事務所を設営し、部下も3人になった。

幸い、本社でもスト・デモが下火になり、業績も上向いてきた。

私は、滋賀県の新居を売り、金沢に新居を構えた。

中村課長は、

「何で勝手に家を建てるのか？　そろそろ本社に戻ってもらうことになっているぞ」

とまた文句である。

これにはカチンときて、心の中で、

「何を言っているのか？　本社を出る時は、本社に戻っても居場所がないぞと言っていたのに」

と思ったが、中村課長操縦術を体得しつつあった私は、

「えらいすんません」

と、ごまかした。


その後本社の人事異動があり、私の上司は、社長の次男の川口本部長となった。

本部長と前課長とは考え方、営業方法等に大きな違いがあった。

一番の相違点は、

「競合会社に敗北しても努力して負けたことは仕方がない」

という、努力過程承認型になったことである。

前課長は、

「どんなに努力して頑張っても、負ければ、ただの負けだ」

と、言い訳は許されなかった。

理不尽とも思えるスパルタ教育で15年。

川口本部長は、

「山下さん、がんばってますね。素晴らしいです」

と、いつも褒めてくれた。

私の北陸での活躍を、本当に認めてくれた唯一の人と思う。

時代は昭和53年、成田空港が開港し、当時日本一の超高層ビル「サンシャイン60」が開館した。ディスコがブームとなり、日本全体が活気に満ちた時期であった。

敗北も良薬

私は、北陸に来て多くのお客さまに接することができ、多くの経験と勉強をさせていただいた。

実力以上の能力を発揮し、会社にも貢献できたと思う。

しかし、努力したが、どうしても説得できずに敗北した人がいて、心残りである。

その人は、ある客先の代表権を持つ専務で、設備機械はこの人が決定権を持っていた。学者肌で機械のことも熟知しており、手強い存在である。

「山下さん、今度の設備は、どうしてもF社の新開発した機械を入れるよ」と、けんもほろろである。

私は、懸命にわが社の設備の利点を説明した。

F社は、設備をコンパクト化し、省エネルギー化に特化した機械で、昭和48年のオイルショックを経験した人には魅力的である。

専務は省エネルギー化にこだわって、F社を選んだ。

私は、わが社が技術的に劣るのかと逡巡もするが、長所もあれば短所もあるものだ。

自社の実績に自信を持ちながら、研鑽していかねばと、気を取り直していた。

私を買ってくれたが受注できず

私は、いつも熱心に各部門の担当者に会い、市金工業社の長所を説明した。
ある時、福井精練勝山工場で設備計画の情報を入手したので、早速小野工場長を訪ねて計画案を聞くと、競合は、F社であることが判明した。

小野工場長は、両社の意見を平等に聞いてくれた。また、社内でも、皆の意見を聞き、総合判断して決定するという。
もちろん、最終決断者である工場長をマークして、私の持っている力を出し切った。

終盤の決定の時期に来たので、新上司である川口本部長も同道して小野工場長を訪問した。そこで、

「山下さん、あなたの努力と、勉強熱心さには感服しましたよ」

と、お褒めの言葉をいただく。

ところが、続きがあった。

小野工場長は、

「しかし、申し訳ないが会社の総意でF社に決定しました」

と最終決定を告げられた。

わが社の敗北である。

一億円に近い額を機械に投資するのであるから、客先も社運をかけた重要な商談である。

私は、今までも「市金工業社の機械は買わない」とさんざん言われながら、最後は採用していただくことが多かった。

客先と、わが身の危険も顧みず、決断いただいた多くの方々には、どれだけ感謝しても足りないくらいであった。

川口新本部長も、衝撃的な場面を見て、営業マンの悲哀を感じられたと思う。

福井精練を後にして、同道した本部長は、

「山下さんが大変頑張ってくれたのに、わが社の技術不足で敗北した。申し訳ない」

と、謝ってくれた。

心底いい人であると感動し、その言葉に救われた思いがした。

競合会社の実績を覆す

福井県のウラセテキスタイル社を訪問し、田中社長に挨拶させていただいた。

私が北陸に赴任する前に、すでに競合会社であるF鉄工の一号機が納入されて順調に稼働していたし、ウラセ社は、会社を2年前に設立したばかりの新会社なので、規模も小さく、設備計画はないと思っていた。

しかし、その日は、近くで営業活動をしており、〝時間が余ったから〟という理由で、なんとなく表敬訪問として社長に面会した。

3回ほど伺うと、社長も私に興味を持ち始め、会社の内情やら業界の現状等を教えてくれるようになった。

田中社長は営業部長兼任で、工場長は田川さんという。

ある時社長は、

「山下さん、私は営業もしているので、業界の内容を熟知しているんです。これから注文がバサバサ入って、工場の増設も必要になってくるかな、と思っています」

と、話してくれた。

これは耳よりの話だと思い、積極的に社長に面会時間を取ってもらうようになった。通うこと半年。

工場増設が決定したことを知る。

田中社長と工場長と私で、機械設備のメーカー選定の話になった。

田川工場長は、当然前納入機メーカーのF鉄工を希望している。

その日私は、市金工業社製の長所を強くアピールした。社長は機械のことは分からないようで、機械の選定は、田川工場長を頼りにしていた。

私は社長のところに日参して、小松精練始め、北陸での実績を説明し続けた。

社長は完全に私に情が移ってきたようで、手応えを掴むことができた。

最終的には、三者でメーカーの決定について話し合った。

社長は、

「田川君、君がF鉄工を推奨するのは分かっているが、今回は市金工業社に決定しよう」

「前回と違う機械を使うのは、工場として不本意だが、社長が言うなら従いますよ」

ということで、市金工業社に決定した。

社運を賭けた大きな設備機械を採用いただいたことに、感謝の気持ちで一杯であった。

後日社長から電話があり、今後のこともあるからと夕食の招待を受けた。

さすが営業出身の社長、と恐縮した。本来なら、わが社が招待すべきだ。加賀温泉の一流ホテルで祝賀会である。

ウラセ社側は、社長、工場長、わが社は新本部長と私の部下を出席させてもらった。

私は今回も逆転の光栄にありつけたが、工場長に対して申し訳なさを感じ、緊急な用事ができたという理由で欠席した。

翌日、田中社長が私の欠席を残念がり、本部長も、私の存在感を改めて感じたとのことであった。

その2年後にもわが社の機械を購入してくださったそうだが、すでに私は退社していた。

会社の退職

ふと気付くと、北陸で7年ほど経っていた。

風の噂で、

「山下さんは、本社に戻って、営業管理と教育する部署に異動するらしい」

といったことが耳に入る。


北陸営業所は、自分で思ったようにできる気楽さがあり、伸び伸び仕事をしていた。

本社ではお偉方が多く、気苦労も多いと察せられた。

金沢に家を構えた今、特に会社に不満はないが、何やら本社との間に面倒が多くなり、悩むことが増えた。

私の仕事は、営業である。

なぜ実績を上げる営業マンを社内事情で悩ませ、エネルギーを吸い取るのか。社内で足を引っ張られることに、辟易してきた。

1ヶ月程悩んだ頃、家内の陽子が、

「お父さん、会社を辞めたければ、辞めていいのよ。いざとなったら私も働きに出るから。心配しないで」

3児の母であるからか、肝が据わっている。

この一言で、私の胸のつかえが一挙に取れ、自身の会社設立の決心がついた。

陽子に感謝である。


世の多くのサラリーマンは、一度は起業の夢を見ると思う。

しかし、よく耳にするのは、家内障壁である。

「今後生活できるの？」

「起業なんて、上手く行くの？」

等々、未来が分かるなら、こっちが知りたいと思う。未知の未来であるから、起業に悩む中高年である。

揺れ動く心を隠して相談している際に、身近な配偶者に疑問を投げかけられれば、

「そりゃ、ごもっとも」

と、さっさと起業の志など撤回しただろう。

私は、北陸で充分に活動でき、業績も、実力以上の結果を出した。

これ以上の上はない。決意は固まった。

私の父親が常に言っていたのは、

「恩を仇で返すな」

「飛ぶ鳥跡を濁さず」

である。

市金工業社にお世話になって25年。

随分と会社に面倒をかけたが、恩返しもできた。

川口本部長に辞表を提出したら、

「山下さん、何故だ？　君には会社も十分な待遇をしている。辞めないでくれ、頼む」

と説得された。

それから4回ほど説得されたが、わがままを許してくださいと懇願。

渋々了解を得た。

本部長の前で、25年間の思い出と淋しさで、自然に涙を流していた。

最後の勤めを終えて、わが家の夕食が始まった。

義祖母、陽子、長男智也中学2年生、次男大揮小学6年生、三男篤史小学3年生。食卓で五人が夢中で食事をしているのを見て、はっと新婚旅行でのことを思い出した。

羽田空港近くのホテルの夕食で、陽子が一生懸命にご飯を食べる姿を見て、「一生ご飯を食べさせなければ」と責任をヒシヒシと感じたものだった。

今や、6人家族である。

勝手に会社を辞めたが、この5人を養うことができるか。幸せにできるか。一瞬不安に思ったが、もう遅い。

明日から頑張るしかない。私は43歳になっていた。

この年、昭和59年に、ロサンゼルスオリンピックで柔道の山下泰裕選手らが金メダルを勝ち取り、日本中が金メダル10個獲得に沸き返った。一方で、江崎グリコ社長が誘拐されたり、三井有明鉱火災で83人が死亡するなど、暗い事件も相次いだ。

第4章

サンワマシナリー、始動！

会社設立

勇躍起業した。

会社の名称は、株式会社サンワマシナリーである。

社名をカタカナにしたのは、当時着々と流行を創り出していたサントリー、ブリヂストン社のように、立派な会社になりたいと願ってのことだ。

鳥井さんで〝サントリー〟、石橋さんで〝ブリジストン〟は、有名な話であるが、私も、山下和之の山のサンに和之のワを加えて〝サンワ〟、マシナリーは機械装置である。

会社経営の試算表を前もって作成し、最低線でも家族6人が食べていける計算である。

当時の私には、戦うには何の武器もなく、砦とも言えない、普通の民家である自宅を事務所にしてのスタートである。

市金工業社に勤務中は、多くの人脈を持っていた。ところが、いったん起業して個人になれば80％は期待できないのではないか、と試算していた。

頼みの綱は、残り20％のお客様である。在職中に、特に目をかけていただき、親しくしていたので今後の発注を見込んで、食べていけると試算していた。

ところが、思いもよらぬ現実の厳しさを見せ付けられることになる。

退職後、特に親しかった客先を訪問したところ、

「山下さん、本当に申し訳ないけれど、市金工業社に悪いので」

と、丁重に断られた。

その後訪問した2社も、同じ理由で辞退である。

「お父さん、まだ売り上げなくて心配でしょう」

と、家内の陽子が明るい笑顔で渡してくれた弁当を車の中で食べようとするが、

「果たして、わが会社は成り立つのか」

という不安がよぎり、ご飯が喉に詰まって食べられない。

持たせてもらった水筒のお茶ばかりを飲んでいた。

意気消沈しても、誰も助けてくれないと、思い直して次の客先に向かう。

すると、私の試算と真逆の方向へと、事態は大転換するのである。


大企業で、特に親しくしていなかった客先の玉木工場長を、挨拶がてら訪ねた。

「おー、山下さん、聞いたよ。市金工業社を辞めて、会社を設立したそうだね」

「おかげさまで、独立させていただきました」

と名刺を出すと、

「こりゃ、社長じゃないか。凄いことだ！」

明るい笑顔に釣り込まれて、仕事内容を説明する。

「ちょうどいいや、この仕事できる？」

と、出してきたのは、仕様書である。

「やれますよ、任せてください」

と話すと、仕様書のコピーをくれて、

「山下さんへの、〝起業祝い〟ですよ」

と、即注文を頂戴できた。

心底、ビックリした。車に戻ってハンドルを握ったら、泣けてくるほど嬉しかった。

捨てる神あれば、拾う神あり、である。


会社時代に築いてきた人脈は、〝ご祝儀〟と〝同情〟で次から次へと受注に繋がっていく。20％は駄目でも、80％が応援してくださる。

有難い好スタートを切れたのである。

私は1～2年は、市金工業社に迷惑をかけない程度の修理工事を主にして、あまり競合しないで、独自製品を開発しようと思っていた。


起業して3年間。

寝ても覚めても、仕事の受注で頭が一杯で、家庭を顧みなかった。

初年度の中間決算前に、税理士がわが家を訪問して、陽子の帳簿を見てくれた。

「奥さん、これは大変な数字だが、計算が間違っていないですか？　長い間税理士をしてきたが、会社設立初年度から、こんな数字は見たことがない」

と確認したという。

陽子は、

「失礼しちゃうわ。私は間違えません！」

と、後でプンプン怒っていた。

税理士先生は、

「このままでは期末に税金を納める時に大変なことになる。社長と奥さんの給料を上げなさい」

と提案された。

「税金って、えらいこっちゃ！」

と、経営者になった実感をかみしめた。慌てて、中間決算後に私と陽子の給与を、最初の設定の3倍ほどに調整した。

初年度の売上額は、想像を超える９５００万円に達したのである。

稲守君の入社

会社設立から数ヶ月。

稲守君が突然自宅に来て、

「山下さん、市金工業社を辞めてきました。雇ってください」

と、のたまった。

稲守君は、私が市金工業社に在籍中、地元の工業大学の機械工学部出身ということでスカウトした人物である。

まだ会社はどのようになるか分からない時期なので、正直言って、人を雇う自信がない。

「稲守君、大丈夫なのかね？　実家の親父さんと相談したらどうかな」

「いえ、自分が決めたことなので。雇ってください」

頑固一徹である。ヤレヤレ、と採用した。

そんな彼は、後年設計者として私の片腕となり、機械メーカーとしての会社の成長に、大いに貢献してくれることになる。現在も、専務として頑張ってくれている。
そうして会社は第2期に入るが、技術力がなく、細々とした竹槍戦法が続く。
稲守君は、営業は苦手で、なかなか注文が取れず頭を痛めていた。

機械開発

会社は、細い竹槍だけでは長く続かない。

大砲とまでは行かずとも、大黒柱くらいはあると安心だ。

私は、長年温めていた画期的な機械開発を進めることにした。受注活動の合間に、構想案を何度も何度も書き換えては修正した。

おおよその構想ができたところで、懇意にしている富山の機械メーカー、川端鉄工を訪ね、協力を要請した。

川端鉄工の社長、常務に説明をして、開発できれば、100台以上は売れると誇張した。

「まだ設立2年目で、試作機に費用もかかりますよ。大丈夫ですか？」

「山下さん、本当に売れるの？」

どの社長も疑うだろう。何しろ、初号機である。

川端鉄工の社長は当初渋っていたが、持ち前の私の粘りで、説得に応じてくれた。

設計、製造は川端鉄工、わが社は販売の分担でスタートすることになった。

繊維業界の客先に、蒸気がもうもうと立つ人海戦術の厳しい作業場を、全自動化できる機械と説明する。

「そんな機械ができれば、すぐ買うよ」

「本当にできるのか？」

疑問の眼差しである。

「試運転の機械を見学したい」

「テストもできるか？」

お客さんはわがままだと思いながら受け入れた。

しかし機械製作は遅々として進まず、改良に改良を重ねて、あっと言う間に1年の月日が経っていた。

客先の見学、テストをするが、完全に納得させることができない。

また改良する。

そうこうするうちに、特殊部品のメーカーからは350万円の支払いを督促され、機械メーカーには750万円を請求され、資金繰りに大変苦労した。

少しの金を稼いでは、この機械に投資したのである。

ある時、川端鉄工の社長から、

「山下さん、これ以上改良を続けても、完成の見込みが立たないです。機械を解体させてもらえませんか？」

と言ってきた。私は真っ向から反対し、

「ここまで努力してきたのに放棄するのか？　もう少しですよ！」

と社長を説得した。

誰も見たことがない、フル自動の機械である。

改良が進み、完成に近くなって、客先への販売に努めた。

ところが、皆さん、1号機は嫌がった。

「すぐ購入すると言ったのに……」

心情的には理解できても、がっかりした。

石の上にも3年。

それから間もなくして、一本の電話がかかってきた。

「全自動機械の試作品があるのですか？　見学と、テストをお願いしたいのですが」

との依頼を受けた。

待ってました！　である。

その会社は、

「新工場を建設するので、画期的な機械を設置したい」

ということで、本機に白羽の矢が立ったのだ。

サンワマシナリーが特許を持つ、「SOYUTEX 自動縫結装置」1号機である。


念願の1号機の決定に、心の中でどれほど歓喜したことか。

また、

「自分の機械ができた！」

という、メーカーとしての第一歩でもあった。

それから、快進撃が続くのである。

本機の名前

「SOYUTEX（ソユーテックス）」は、サンワマシナリーが特許を持つ、自動縫結装置である。

全自動で縫合できることから、当時のソ連の宇宙船「ソユーズ」に因んでSOYUTEXと名付けた。「ソユーズ」は、世界初の自動ドッキングできる宇宙船だったからである。

第1号機を納入すると、市場では大変な反響となり、多くの客先から引き合いが相次いだ。新しい客先からも、従来の客先からも相次いで受注していった。

市金工業社の勤務時代にお世話になった、小松精練も新工場に納入させていただいた。新工場の開設記念式典にも、納入業者の一人として招待され、大変光栄であった。

小松精練の嵐社長は市金工業社時代の私の活躍の噂を聞いていますよ、とたった3人の弱小企業の私に、多くの言葉を投げかけてくださった。

大会社の社長に興味を持っていただき、こそばゆいほど嬉しかった。

F社をはじめ、大会社の社長が居並ぶ中、私に多くのことを話していただき、恐縮した。

記念式典が閉会して退出する際に、F社の社長が私の前に来て、

「貴方が山下さんですか?」

と笑顔で尋ねてくださった。

競業会社の社長に名前を覚えていただいて、私の努力が無駄ではなかったと確信した。

自動機と同時期に市場に出始めた機械を改良して販売すると、ヒット商品になった。売り上げも大幅な増額になり、約8年間はわが世の春を謳歌した。

海外での受注活動

会社も順調で、業績もでき、新しい機械に海外からの引き合いが来るようになった。海外進出である。

市金工業社時代は、国内担当だったので、海外ビジネスの方法は何も分からない。

インドネシア訪問

弱小企業ゆえ、切符の手配から現地訪問まで、全て自分一人の出張である。

英語は、少し単語を知っているだけ。本当に現地に行けるか心配であるが、その心配を振り切って、インドネシアへ出発した。

金沢は2月の真冬で、コートを着ての出発である。小松空港からシンガポール空港を経由して、ジャカルタ空港に向かう。

シンガポール空港は巨大な空港で、ジャカルタ空港行きの搭乗口が分からない。優しそうな人を見つけては、チケットを見せて身振り手振りで必死に尋ね、何とかたどり着いた。

ジャカルタ空港に着くと、三十度ぐらいの気温で、コートが邪魔になった。旅の疲れが出てフラフラしながら、入国審査でチケット、パスポート、入国書を見せていると、何処からか山下さんと呼ぶ声がするが、ジャカルタに知り合いがいるはずがない。

「ヤマシタサン、ゴセンエン」

見れば、審査員が私の顔を見て、ニッコリ5000円のワイロを要求しているではないか。入国書を指差し何か言っているのをいぶかっていると、ここを通さないぞ、というジェスチャーをする。

面倒なので5000円渡すと、

「オーケー」

とのことで通過できた。

帰りの飛行機で隣席になった営業マンに、

「日本では考えられない」

とこぼすと、その人はジャカルタへ3ヶ月に1回くらいの割合で通っているそうで、なんと、「八代亜紀のミュージックテープ」で、一発通過と言う。

お馴染みの審査員が八代亜紀ファンとのこと。

30年前の話であり、現在はこのようなことはないと思う。

ジャカルタからはタクシーで1時間半ぐらいの、バンドンへ向かう。

タクシー乗り場に行くと、運転手が客の取り合いで、大混乱である。

現地商社マンから、「車の上に青色のランプのついたタクシーに乗ること」と言われていたので、それに乗って、バンドンのホテル名を見せていざ出発である。

これでやっと落ち着いて、明日の仕事のやり方を考えられる。

しばらく行くと混雑する町中を外れ、田舎道に出た。インドネシアの田舎道といえども、道路の両側に多くの人がたむろしている。

ところが、その細い道を70キロぐらいの速度を出して突っ走るのである。もし、子供が飛び出してくれば、大事故になる。

私はヒヤヒヤして、運転手に、

「スローリープリーズ」

と声をかけたが、

「オーケー」

とは言うものの、速度を落とす気配はない。

仕方なく、万国共通の合い言葉、日本円で1000円ほどのキャッシュを出して、

「スローリー」

と言うと、40キロになった。

しばらくすると、またスピードアップする。しかし、キャッシュが効いたのか、

「スローリー」

と言うと遅くなる。

こんなやりとりをしながらホテルに到着。とんだ災難続きだった。

翌日現地の日本人の商社マンに同道して、販売活動に入るのである。バンドンの会社の経営者は、ほとんどが中国人で、機械は買ってくれるが徹底して値切られる。

それでも当時は日本人の技術顧問が多かったので、スムーズに仕事ができた。

韓国訪問

ＳＯＹＵＴＥＸの日本国内での実績が多くなり、どのようにして知ったのか、片言の日本語で、

「この機械の稼働工場を見学させて欲しいデス」

という問い合わせが多く来た。

私も張り切って、お客さんの工場見学を実施し、十分説明する。

納得して、

「大変良い機械ダ。帰国後早速検討シタイ」

と言って帰るものの、何の連絡もない。

そうこうするうちに、また次の見学を依頼してくるが、なかなか決定まで行かない。

ある時、また見学の依頼が来たが、

「貴国の客先は、見学はするが買う気がないのではないでしょうか？」

と言ったら、〝良ければ絶対に購入する〟との条件で見学を引き受けた。

社長は、

「良い機械だし、全自動化されている。素晴らしい」

と、購入してくださった。


日本では通常の価格評価だが、韓国では高いと判断され、多くの実績は残せなかった。

私は韓国の財閥会社に行き、機械の説明などをするが、必ず一流大学出身者が、部長、課長の重要なポストについている。

頭は良いのだろうが実用向きでなく、業務の知識はない。

大学は出たが、現場を知らないことが多くある。


この国の受験戦争の凄まじさが、テレビ、新聞などでよく報道されるが、大学に入学したら勉強疲れで力尽き、それからの人生を無駄にしていると思う。

重要な技術については、日本人がアドバイザーとして存在していることが多かった。

低成長時代の到来

会社を創立して13年目から急に、繊維業界の設備投資が動かなくなった。当然わが社の売り上げも激減する。

急に何故であろう。

客先を訪問して悪化の原因を調査すると、中国に業界製品が流れたことにあるらしい。もともと、商品としての繊維製品は、製造工程がそれほど難しいわけではない。その頃台頭してきた中国メーカーに市場が流れ、国内繊維業界が力を失い、繊維業界向け製造機械も動かなくなったというわけである。

懸命に営業努力をするが、4分の1迄売り上げが減少していた。続く、2年、3年は今までの蓄えで急場を乗り越えた。ところが、4年目になっても、市場の回復の光が見えてこない。

3期連続大幅赤字が続き、当然銀行は警戒心を強める。

財務担当の陽子は懸命に借入金の要請をしたが、銀行側の動きが鈍い。

ある時銀行担当者に呼ばれ、

「社長、随分業績が振るわないですが、先行きの見込みはいかがでしょうか」

と聞かれた。

私は、

「振るわないながらも、先は結構引き合いがあるので大丈夫です」

「社長は簡単におっしゃいますが、結果が出ていませんね」

と、強く責められた。

金は貸すが、国の機関保証協会の許可が必要とのこと。

なんであろうが、貸していただければ、何とでもなる。

私は市金工業社時代にいかなる苦難も乗り越えてきた実績がある。

しかし、借金は増えるばかり。

不況時から5年目を迎えるが、会計は火の車である。

ある時、陽子から衝撃的な言葉が出た。

「お父さん、来月はお金が足りなくなるけど、受注の予定はあるの？」

私は、今まで多くの修羅場をくぐり抜けてきたが、資金繰りは経験がない。

今まで一番心臓に突き刺さる衝撃を経験したのである。

昼間は営業活動でより多くの客先を訪問して疲れて帰り、自宅で多めの晩酌をして就寝する。

しかし2時頃には、ハッと必ず目が覚める。

それから朝まで、受注、資金繰り、自宅を手放す等、ネガティブなことばかりが頭の中をグルグル回って眠れない。

こんな状況が2年弱続き、仕事も資金も、フラフラの状態であった。

「この産業に頼っていては生きていけない」

分かっているが、簡単に切り替えができない。ますます追い込まれていった。

災難転じて福となす

「何事もあきらめず、必死にしがみつき努力する」という私の身上が神様に通じたのだろう。

有望な産業界から、一本の電話が入り、

「下請けだけど、新機種の機械を製作しないか」

と声をかけてもらう。

全く新しい機械だが、チャンスだ。

「はい、ありがとうございます！」

即答して仕事を受けることにした。


結果は大変難しく、全社員が苦労して完成させたが、大きな赤字を背負い込むことになる。

普通なら、また大幅な資金繰りに嘆くところだ。

しかし、悩み抜いて製作した機械に、何か光明が見出せた。

それからしばらくして、新しい機械の製作の依頼を受けて取り組むことになった。

すると、この機械の技術力をお客様が見抜いてくれ、今度はまた違った機械製作を依頼された。

1号機を納入して、技術力、価格、対応力、社員の姿勢などに、高い評価をいただいた。

「これからこの業界に参入できるようになれば、倒産の危機は脱出できる」

遠くに光が見えたような心持ちであった。

工場の火災

「禍福は、あざなえる縄のごとし」、という。

いいことばかりは続かず、悪いことばかりも続かないはず。

ところが、何故か私はその頃試練ばかりであった。

ある日、午前1時ごろ熟睡していた時に電話が入る。

「山下さん、会社が火事になって、消防車が何台も来て大騒ぎをしているよ！」

という。嘘だろう……！　いっぺんに目が覚めた。

わが社は機械メーカーであり、火災が起こることは考えられない。

嫌な考えであるが、「誰かに放火されたのか」と、早速工場に陽子と息子と共に赴くと、野次馬の人だかりである。

1階事務所はすでに無残な水浸し。工場と2階の設計室は火災から免れた。不幸中の幸いである。

いつも明るい陽子がこの惨状を見て、

「お父さん、もう、これで終わりだよ」

と泣き崩れ、私も心が折れた。

陽子は、6年間も過酷な資金繰りを続け、心身共に疲弊し、鬱積していたのだろう。


その日は、警察、消防署の調査と、私に対する執拗な質問、調査に明け暮れた。

「あんたんとこ、資金繰り厳しかったそうですな。火災保険狙いませんでしたか？」

そんなん、狙うか！　と怒鳴りたいところであったが、慇懃《いんぎん》に調査に協力した。向こうも、疑うことが商売である。


調査の結果、なんの原因も分からず調査は打ち切られた。

事務所の1階の窓は消火時に打ち破られ、ガラスがはまっていない。

その日の夕方、運悪く北陸には滅多に来ない台風が襲ってきたのである。

事務所の中を風が荒れ狂い、備品をなぎ倒すわ、残った書類を吹き飛ばすわ、映画の一場面のようである。

ゴウゴウと風が吹き荒れる中、それでも私は少しでも書類を残したい一念で、必死で窓に当て物をするが、自分がずぶぬれになっただけである。

何の手も打てず、悲しさと挫折感に打ちひしがれた。


しかし、ものは考えようである。

愕然とした翌日から、「ここで負けては、今までの苦労が水の泡になる」と考えた。神様は大きな試練を与えたが、残り福も与えてくれた。


メーカーとして、何より重要な設計図、資料等を消滅させずに残してくれた。

大切な客先に納入する機械は、ほんの1週間前に出荷していた。

そしてこの台風が、6年間にわたる不景気の暗雲、資金繰りに苦しむ空気を吹き飛ばしてくれた。

幸い、事務所の修復は保険で賄うことができ、資金繰りの心配は緩和されたのである。

悪夢の一日が明けてから、徐々に、先端産業の機械設備の受注が多くなりはじめていったのだった。

元上司との再会

会社を設立して18年間、一度も市金工業社を訪問しなかったが、たまたま、近くに用事があったので挨拶に伺った。すると私の元上司、あの中村課長が、専務取締役に出世されていた。

私のわがままで会社を辞め、会社設立当初は市金工業社時代に築いた人脈を利用して競合したこともあり、後ろめたさで敷居が高かったが、訪ねてみると、久しぶりにわが家に帰ったような気がした。

元上司もそんなことをおくびにも出さず、私の訪問を大変喜んでくれた。四方山《よもやま》話に時間が過ぎるのに双方とも気付くこともなく、楽しく話が進んだ。

「それはそうと、山下君は今どんな仕事をしているのですか。会社の景気はいいの？」

と痛いところを問われる。

「あまり芳しくなくて、苦労が多いですね」

と率直に伝えた。

市金工業社は業種転換し、技術を生かして最先端産業の会社から機械の受注をし、上昇気流に乗っていた。

「君はいつまでも同じ産業にしがみついているから、業績が上がらないんだよ。先端産業の機械を作らないと駄目じゃない」

と、のたまう。

私は心の中で「先端産業の機械製作は誰でも望むところだが、簡単にはできないから困っている！」と叫ぶ。

それからも元上司中村専務は、偉そうな言葉を投げつける。ムカッときたので、駄目元で言ってしまう。

「専務、そんなに言うなら、何か注文をくださいよ」

「よし分かった」

と言うと、早速女子事務員に発注担当者を呼べと命令している。

間もなく担当者が現れた。

市金工業社、北陸のエースであった有名人の私を知らない担当者と、あいさつの名刺交換をした。18年の歳月を感じた。

中村専務は私を紹介する際に、

「この社長は君の先輩だよ。某社納入の機械をサンワに発注してやれ！」

問答無用な態度は、相変わらず。

だが今回はうれしいゴリ押しである。

予期しない注文を受けて、この時期大変有難いことであった。

正直言って、よく叱られ、無理難題を押し付ける上司だったが、勉強になったことは事実である。

専務はご機嫌で、

「今日は泊まっていけ、久しぶりに酒を飲みたい」

とのこと。もちろん喜んでお受けする。

専務は昼もこの調子なのに、酒が入ると想像を絶するほど説教が多いが、慣れたもの。素直にお付き合いをする。

宴たけなわ、早速説教やら、愚痴が始まった。ちっとも変わらない愚痴が、懐かしくさえある。

「君は良い時に会社を辞めたな。俺は部署替えで離れたが、上司なら絶対許さなかった」

その通りである。この上司なら、何をしても説得され、私の独立はなかったであろう。

「私が専務在籍中に、私を利用しろ。困ったことがあれば、何でも相談に乗ってやる」

という、嬉しいお言葉である。

よく叱られ、理不尽な言動は茶飯事。悩まされることが多かったが、ここにきて手を差し伸べてくれたことで、今までのわだかまりが消えた。

再度の上昇機運

それから間もなく、わが社にとんでもない大型商談を神様が運んできてくれたのである。当時わが社の売上高は、年間3億程度で苦戦中であった。

そこへ、12億円の設備計画である。

それも、わが社が夢にまで見ていた、最先端機械製作の依頼である。本当だろうかと耳を疑った。

しかし、正式発注の段階で値段交渉に入ると、大変無理な要求を指示してきたのである。

わが社の見積価格は13億円。

この金額に対して、購買担当者は半値八掛けを要求してきた。

当時常務の三男篤史と営業担当を交渉相手に向かわせたが、2日しても物別れで決着がつかない。

先方の要求で、2人では駄目、社長を呼べとのことになり引っ張り出された。

私も同席したが、先方は兎に角、半値八掛けの要求を固守して一歩も譲らない。購買担当者は値段を受け入れず、サンワマシナリーをやめて、他社にすることはできないかとまで言い出した。先方技術者はこの機械はサンワマシナリーでなければならないと主張してくれたが、購買者は納得せず、延々2日計4日間を要した交渉となった。

客先は世界的に有名な企業である。どのくらい有名かというと、多分日本の田舎の小学生でも知っているレベルに有名である。また、完全なる外資系というやつだ。

私は有難い商談であったが価格的に受け入れられない。残念だが辞退したい旨伝えた。するとと担当者は、以下の提案をすることで、最終価格の提示を求めてきた。

通常業界の支払い条件は、前受金、納入時金、完了時金、各3分の1。120日の手形決済である。

驚いたことに、前受金の90％を現金で支払うので、金利分を差し引けとの要求である。さすが、業界の巨人で、外資である。手形決済などというぬるいことはしないのだ。

さっそく金利計算をすると、当時で7千万円ほどかかることが分かった。支払い方法の変更で、値引き可能となった旨を伝え、ようやく決着できた。

わが社の常務も担当者も引き過ぎだと反対したが、長い交渉の疲れと大型商談を成立させたい一心で決断した。

有力業者約14社を呼び、大型商談だからと協力を依頼した。2社を除いて10%の値引きを受け入れてくれた。ありがたいことである。

間もなくして90%の前受金が銀行に振り込まれ、銀行の支店長は何事が起こったのかとびっくりして私を訪ねてきた。「飛んできた」という形容が、ピッタリであった。

支店長に事情を説明すると、それは大変良い情報を承ったと言い、少し当社への対応が変わってきた。

その年の決算表を見て、

「今後は公的資金でなく、当行でお願いします」

と、あいさつされた。

何しろ、年間売上金額の3倍が、しかも現金で振り込まれたので、夢物語が現実になったようである。この現金で資金繰りは大幅に緩和され、その後の発展に寄与できたことは、言うまでもない。

資金繰りの安定

魔の6年間は、開けても暮れても、

「今年の業績は良くなるだろうか、資金繰りは大丈夫か、眠れない夜から解放されるのだろうか」

と悩み続けてきたが、一挙に明かりが見えてきた。

何よりも、銀行の借り入れに頭を下げなくてよい。担当者からの嫌みも聞かなくて済む。銀行の手形割引もしなくて済むので、金利の高い借入金を返済し、身軽になった。

不思議なもので、資金繰りの安堵感から私は心身共に楽になり、睡眠不足が解消された。有難いことに大型設備に技術力を発揮し、何の問題もなく客先から高い評価を得た。

安定期に入る

この実績が大手機械メーカーの目に留まり、一部製作をわが社とタイアップすることになった。

上手く行かない時は努力しても結果は出ないが、順調に行きだすとほかの業界からも大型商談が舞い込むことになる。

通常の5倍強の注文が入り、工場では人手不足になることもあったが、外部からの応援を得て、対応してきた。

最先端産業の客先も引き続き大きな設備投資が行われ、今度は有難くも工場が狭くなってきた。近くの工場を借りても間に合わない日々が続く。うれしい悲鳴である。

ある時、銀行から、

「山下さん、近所に倒産した会社の土地、建物がありますよ。早く決断すれば、売却金額は相談に乗りますが如何でしょうか。資金も責任を持って対応させていただきます」

私は即断した。

現工場のすぐ近くなので、わが社にとっては絶好の物件である。

私はすぐ購入の意向を伝え、早期に契約を結ぶので時間がかからなかった。

事務所は立派だったが、工場はわが社に適さないので、すぐに解体し、新しい工場を建設した。

翌年から新工場に移っての生産である。

その新工場で、予期せぬ大変幸運なことが起こっていたのである。

わが社は弱小企業であり、前の工場は新工場に比べ、大変見劣りしていた。

工場が立派になることで、技術以外にも、客先側から信用していただけることに気付いたのである。

新しいお客さんが工場見学に来られて、

「この工場なら安心だ」

と信用してくれたのか、商談が増えてきた。

工場建設で借金が増え、一時的に不安があったが、決断は正しかったと満足している。

3本の柱

それからも順調に業績は伸びており、新規に製作して出荷し、現地据え付けの繰り返しである。

本当に有難いことだが、13年前の暗黒の時期を思い出し、「浮かれては駄目だ」と自分も会社も戒めた。

既存の大事なお客さんとの約束事を守るのは当然だが、他産業の客先から商談があったさいに、

「多忙だから製作できない」

と社員が言ってきたが、私は聞く耳を持たず、

「そこを乗り越えるのが君らの仕事だ。今後『できない』の言葉はタブーである」

として激励した。

鬼社長である。結果目標が達成された。

社員に、

「業績には波がある。偏った産業に依存することは危険だ。新たなお客さんも大切にしろ」

と呼びかけ、叱咤激励した。

やればできることが分かったので、ほかの産業のお客さんの設備も無事完成させて、次の設備案件もいただく。

今度は大手機械メーカーから、海外向けの設備協力の依頼を受け、わが社の得意分野を担当した。

この技術も完成させ、無事試運転もでき、わが社の技術として信用していただくこととなった。

社長を辞任

会社も安定期に入り、借金は多少残したが、決算内容も充実してきた。

お客さんも多くなり、業界も多様化して安定してきた。

引退の時期を感じたのである。

思えば、18歳で和歌山から出てきて、いろいろなことがあった。

それでも、55年間、仕事人生は走り詰めだったと思う。

会社設立から30年経過し、これを区切りに73歳で引退し、会社を息子に譲る決心をした。

第5章

私の歩んできた道の総括

修羅場をくぐる

人間それなりの地位にいる人、地位がなくとも人間として尊敬される人は、多くの修羅場をくぐり、会社、社会に立ち向かい貢献した人物である。

修羅場は、人の痛みを知る優しさも与えてくれる。

私は良し悪し幾多の経験と知恵を、お客様、業者、商社から学んだ。私ごとき底辺にいた男が、能力以上に幸運に恵まれたことに感謝である。私は、自分は優れた人間と思っていないが、一つだけ自分を褒めるとしたら「粘り強さ」だと思う。諦めない心。今で言う、リジリエンス。折れない心である。

頑張れる体力と、気持ちの強さを授けてくれた今は亡き両親に御礼を申し述べたい。

若い時の苦労は買ってでもせよ

私は小学校時代先生から開校以来の悪童だと言われて毎日のごとく叱られ、高校野球に憧れていた球児なのに挫折をした。入社して営業部に配属されても失敗の繰り返しで、上司より、「最低の男」だと叱られた。

これらを頭の柔らかい時に体験できたことが、後年人生を変えたと言っても過言ではない。

鉄は熱いうちに打て

本当に先人は的確な諺《ことわざ》を残してくださったと思う。

その教えの通りかは分からないが、私は余計なことを考えずに突っ走って営業マンに徹してきたことが良かったと思っている。

当時は悩み苦しみ、脱出の道すら見えない時に、何か身に付けたいと英会話の勉強もした。宮本武蔵の本を買って読みあさり、現在の自分と武蔵の修行時代を重ねて自分を鼓舞した。

悩みながらもさまざまな経験とノウハウが習得できたことは、後年多くの知恵として活用できた。

自分が一番偉い人

何でも威張る人、自分の知識をひけらかす人、プライドを重んじる人、頭が固く人の意見の聞く耳を持たない人など、良し悪しは身近な奥さんが一番の裁判官だと思う。

数年前、ある人が総理大臣になった。

奥様のインタビューで、

「主人が総理大臣にねえ？」

私は嫌な予感がした。

案の定、景気の悪化、政情の不安を誘い、何の対策も打てずに1年ほどで辞任に追い込まれた。そんな人は一時的に良い時期があっても、その時期が続くほど世の中は甘くないのである。

会社に例えるならば、こんな人は上層部になれないし、一時良くても一発屋で脱落する。

自分が偉いと思う人は、今成長が止まっていることに気が付かず、過去の栄光に酔っている。本当に偉い人は、自身を偉いと思わず、今に満足せず、社会、会社を良くする方法を考えている。

その人の偉大さは、自分が判断するのではなく、他人が評価するものである。

新機種開発の極意

私は、新機種開発がなかなかできない業界で、5機種の機械を開発し販売してきた。

第1回目は約3年間かかったが、今現在でも世界でわが社しか製作しておらず、1100台の販売実績を持った。

第2回目は、残念ながら5台しか売れなかった。

この2番目の機種は、私の発案で川端鉄工が協力製作した機種である。

以下は世の中にあったが一向に売れなくて、私が市場に適応できるように改良して見事に復活したものもある。

第3回目も大幅改良を加えて、80台を販売した。第4回目は125台の販売実績だった。

第5回目は15台だが、これから注目され販売台数が増えると期待する。

我々の業界では、新機種は、10台売れればまずヒット商品だといえる。全機種が利益に貢献し、わが社の基礎になった。

新機種開発をするのに、思い付きと自分の発想に酔い、絶対に売れると過信することは危険である。

自分の発案を客先に持ち込み、説明し、客先の忌憚のない意見を聞くと、良い反応ばかりではなく、往々にして反対意見もある。この意見を無視すると失敗する。

4〜5社で発注権を持っている人、豊富な技術者に意見を求め、参考にして製作に着手する。

さて、ここからが大変なエネルギーが必要になってくる。

当初、

「そんな機械ができるなら、わが社が一番に購入する。是非お願いしたい」

と言われていても、現実は厳しく、

「完成したから採用をお願いします」と営業活動すると、

「他社は採用したのか」

「技術的には信頼できるが、初めの機械は実績を見て決断する」

「納入実績を重視して購入する」

等々、4～5社を訪問しても同じ答えが返ってくる。

1号機を売り込むための知恵を働かせねばならない。

赤字覚悟の価格を提示、無利子の延べ払い、設置後性能が出ない時は引き取る、なんとも情けない条件提示である。


技術はテストで確認済みなので、提案をして実績作りである。

リスクを承知での販売が、わが社が新しい機械を開発し、業績を伸ばせた要因だろう。

原点は市金工業社勤務時代に、業界4番目の低位置メーカーで、上位競合メーカーとの苦戦を強いられたところにある。

下位メーカーの多くは見積もりの引き合いはいただくが、相見積もりの摘みにされ、その度に苦汁をなめてきた。

私は何とかここから脱却を図らねば、いつまでも落ちこぼれのままだ、と苦笑した。

相見積もりでの敗北で懲り、競合しない機械作りが必要と感じた。ところが、簡単に開発できるものではない。

だが、この経験が長年の悲願である新開発機械への執着心になったと思う。

上昇気流の危険

上昇気流で、売り上げも利益も安定してきた会社には、落し穴があることを知るべきである。

会社が守りの体制に入り、次の手を打っていないことがままあるのだ。

人間に寿命があるのと一緒で、各商品も今ヒットしても永遠に続くことはあり得ない。

安定会社の社長も社員も、このヒット商品は永遠に続くと思うのが人間だと思う。

何故か安定すると、客先から新技術の要請を受けても、「無理してやることはない」と失敗を恐れ、動きが鈍る。

その技術は、将来大変な商品になる要素があるにもかかわらずである。ここに積極的に取り組む会社との違いが出てくる。ヒット商品に頼っていると、その技術が陳腐化し、新技術の嵐が来た時に体制が整っておらず、後れを取るのである。

私は体制立て直しに躍起になっている会社を数社見ているが、遅々として進まない。鉄は熱いうちに打て。

諺通り、冷めてはなかなか元に戻らないのは事実である。

私は安定した会社に勤めたこともなく、自分の会社も明日、来年、3年後の心配ばかりしてきた人間である。

後年、市金工業社時代の競合メーカー、1位の京都機械、2位の和歌山鉄工は業界新技術への対応の遅れか、転換が図れなかったのか、倒産の憂き目にあった。老舗会社の名前が消えたことは、残念である。

3位のF社、4位の市金工業社は他の業界にも参入し、技術を変革し、見事確立して大変な業績を上げている。

景気の良い時には、社長も営業マンもいらない。

世の中は景気が良いのにわが社は火の車、創立当初、頑張っても気流に乗れないという苦い経験をしている。

今までの実績、人脈作り、客先が希望している技術に応えているか、その努力をしたか。景気が良く余裕のある時に新商品の開発に努めて、不景気時に備えることは当然である。

会社の業績が良い時は、客先の希望する商品とマッチした時で、努力が認められた時である。好調が持続している時は不思議と客先から連絡があり、スムーズに受注することができる。

社長は、次の商品は何か、情報と経験を生かして、方針を決める。

営業マンは客先を訪問して、問題点を聞き、社内に反映させ、ほかの業界で情報取りの活動をする。

人生も会社も順調だと思った時、危機が迫る。

貧乏性の私の思い違いだろうか？

神は考える人にチャンスを与える

その分野のプロは、ちょっとした話、情報、品物に反応する。常に悩み勉強しているからである。商品開発、技術の習得、営業マンとしての手腕等その分野に精通している人は、他人から尊敬される。

人間の能力は、紙一重である。知識のある人でも何もしないと衰える。知識がなくても、常に何かに興味を持って、何かできないか、何か商売に繋がらないか、という努力が知恵を生む。

随分前に記事を見て感動し、感心したことがある。

今では各駅に設備されている自動改札機、この装置を完成させるのに、ある技術者が壁に当たって進まない。

いつも、客が規定の通り切符を投入すれば問題ないが、客は表も裏も方向も違って投入する。千差万別の人の期待をクリアするのが、技術者である。

その技術者はさんざん考えたがアイデアが浮かばず、途方に暮れていた。ある時川で釣りをしていて、枝、葉っぱが何かのはずみでくるりと回ることに気付いた。

「これだっ！」

と、このヒントに基づき完成したそうな。

正に神様が、この技術者にのみ、褒美を与えたのではないか。

本当にその通りで、私も5機種の機械を完成させたが、その2倍くらいは失敗と夢物語で終わっている。

会社創立の鉄則

会社を設立する時は、それぞれ何かの理由があってのことであろう。

会社員の場合、前の職場でノルマがキツイ、上司、同僚、部下との関係が上手くいかない、この職場では将来性がない、自分の性格に合わないとかの理由があるとする。

そして、前の職場で自分の実力が客先から絶大な信頼があり、技術、業務内容に熟知しているとする。

大半の人は自信があっての決断だが、会社の名前が消えても個人の名前で戦えるか？

自分自身の評価は、奥さんが賛成するなら良いが、少しの反対があるなら止めることを勧める。

私は社内で最低の男との評価だったが、退社時は社長、本部長、社内が全幅の信頼をしてくれた。

それに会社設立時は不安もあったろうに、妻陽子は賛成してくれた。

少しでも反対があったならば、踏み切れなかっただろう。


私は北陸地区の客先の人脈、社長から、工場長、担当者まで信頼を得て、会社内容まで熟知していた。客先も仕事も同じである前職場の市金工業社とは少しは競合したが、迷惑をかけない程度の競合であった。

それでも初期は大変苦労したし、新機種開発が成功できていなければ、挫折しただろう。

まずは一人で設立する。

会社名の決定、会社の登記、印鑑登録、主力銀行の設定など、初めてづくしから始まって、戸惑いながらも全てを自分の手でやらなければならない。

一番困るのが資金繰りの問題だ。

孤軍奮闘し、これに打ち勝っていく気持ちの強さ、本当に辛いことを乗り切らねばならない。

一番駄目なのが、友人、同僚で、次は上司、先輩、親戚の共同経営である。

共同設立は苦労が二分され、一人と比較すると気持ちが2倍も3倍も苦難から解放される。当初は苦戦するので、お互い必死で努力し、和気あいあいとは行かずとも、立ち上げることができる。

業績も順調に推移し、2~3年経過してくると、地位、業績、給料の問題などが生じだし、意見の相違が生まれ、その亀裂が徐々に大きくなり、崩壊へと繋がる。

私は多くその状態を見てきた。

一人残って継続しても、崩壊を招く程度の度量では、長続きせずに撤退の方向に進んでいく。

会社の寿命

私が会社を設立した時、業界が同じで、よく似た規模の会社が7～8社あり、社長も知っていた。

しかしそれから30年を経過し、業界の衰退もあるが、わが社しか残っていない。何故か分析して見たところ、わが社と彼らの違いが分かった。

彼らと仕事で遠方に行く時、彼等は必ずグリーン車に乗る。海外に仕事に行く時は、ファーストクラスに乗る。私は当然自由席の、エコノミーである。

途中彼等は私の自由席に来て、

「山ちゃんは、なんでグリーン車に乗らないの？」

と言ってくる。

私はグリーン車もファーストクラスも、若造は乗ってはいけないと思っていただけなのである。金沢駅は始発が多く、どんな時でも、ほとんど席は空いているのである。好きな席を満喫できる。

電車でも飛行機でも、誰が乗っているか分からない。もし客先の上層部が乗っていてグリーン車使用を知られたら、社長にも担当者にも伝わり、顰蹙《ひんしゅく》を買って、商売上よい方向にいかないだろう。

高級車に乗らない

私の信念を見事に立証した、一例がある。
大会社の松木工場長と大きな商談で、わが社の機械購入を巡って値段交渉に入った。
価格を下げろ、下げられないとの交渉は長く続き、お互いに次の手は打てない。
なんと、工場長はとんでもない奇策を打ち出してきたのである。
工場長は、部下に、
「山下さんはどんな車に乗っているか見てこい」と、指図したのである。
部下から、
「クラウンの良い車に乗っている」

と聞き、こっぴどく嫌味を言われ、値段交渉が不利な状況で妥結した。

クラウンといっても、最下級の車だが、容赦してくれなかった。

大変立派な工場長で、後年社長になられ、低調だった会社を立て直され、今も上々の業績である。

その後私はほどなくしてクラウンを売って、ハイブリッド車に替え、現役時代はそれで押し通した。

ちょっとした気遣いの必要性を感じた一件である。

幸福は幸福ではない、不幸は不幸ではない

私は生まれて物心がついてから25歳頃まで叱られることが多かったが、褒められた記憶はない。辛いことも多くあったが、不幸とは思わなかった。これが当たり前と思って生きて来たからである。

厳しい世界を体験したことが、家庭内、仕事内、身近なトラブルの解決に役立つ。

悪く言えば、図々しくなったのであろう。トラブル時、若い時は慌てて一歩先に出て壁

や柱に頭を打ち、痛い思いや怪我をして悔やんだ。

その経験が、今生きているのかも知れない。


人間生きていると楽しいこと、嬉しいことは少なく、苦しいこと、悩みごとは尽きない。

しかし、それが成長に繋がる。


ある人は財産家で地位もあり、健康そうで家庭的にも恵まれていて、幸福だろうなと思うが、逆に内面では多くの悩みを持っている場合がある。

仮に何の悩みもなく、ベリーハッピーの人生を謳歌している人がいれば一番不幸だ。

私の知る限りで、一人いた。

大変有名人であるが、能天気で可哀想な人だと思っている。

賢さは学歴ではない

小学校、中学校、高校の生徒、大学生は、当然のことだが勉強することが仕事である。

成績の差はあるが、上位にいる人は、なお一層努力して向上する努力が必要である。下位にいる人は、上位に負けないように一層努力することが大切である。

しかし勉強は努力しても、急に成績が上昇する人は稀で、なかなか上がらないのが実情である。

かといって、下位だからと本人も親も大きく落胆し、塾に行くとか勉強を強要することは避けるべきである。

勉強は下位でも、人それぞれに勉強以外に、優れた能力を持つ人は世の中に沢山いる。特別な素養を持って生まれた人は極わずかで、大半は五十歩百歩で大差ない。

学友との交流、親、近所の人、社会人と接触し、社会を知ることも勉強である。学校は狭い範囲で知識を身に付ける場所で、苦手な人も得手な人もいる。

一方、社会に出れば知識だけでは通用しない。社交性、経験、専門知識等の知恵が働かねばならない。

社会交流を通じて努力すれば、自分の持っている特技、特徴に気付くのである。成績は上位で一流大学を出た人が皆偉くなっているかというと、そうとも言えない。某国では異常な受験戦争で、一流大学を目指し、一流の会社に就職することが幸せと思っている。

競争すれば必ず敗者が出る。

勉強しか知らない人は、負けると大変な衝撃を受ける。社会の通念を少しでも知っている人は、衝撃を受けても大きく崩れることは少ない。

人間は成功して喜ぶより、失敗して悲観することの方が多いのである。

大学を卒業するまでに、失敗をしても立ち向かっていける精神力も学ばなければいけない。

私は、ある国をわが社の機械販売のために訪れた時、一流大学を出た、一流の会社の部長と商談したことがある。

相手は、私の説明することに何の疑問も持たず、反論もなく、時々質問するが、その全てに対して理論的に説明すると、山下さんは何でも知っている、立派な人だと評価する。

私が立派でなく相手が勉強不足なのだ。

その度に、

「何が一流なのか？　何のために勉強してきたのか」

と疑問に思う経験を多くした。

受験勉強をして一流大学に入り、一流の会社に就職したことで終わってしまう。人生はこれからという時に、過剰な勉強と無駄な競争力を使い過ぎて、彼らは終わっている。机上の勉強ばかりで、現実・現場を知らないので、知識はあるが、知恵が働かない。

頭ばかりが大きすぎて歩くとふらふらし、大変バランスの悪い人達といつも感じてしまう。

情けは人のためならず

私が開発して間もない機械を、ある客先が採用してくれた。

甘えは許されないが、開発機械には失敗と不具合が生じることが多い。不具合を迅速に改良し、さらに改良して、市場に評価されるのである。

客先の某部長と打合わせた時、技術的に不備な点を指摘された。勉強家で大変優秀な人物である。機械を改良して稼働率も上がり評価され、期待通りの生産体制に入っていた。

それから間もなくして、この会社が倒産したことを知った。

しばらくして会社を訪問したが、当然活気がなく事務所で某部長と面会したが、最後まで一人丁寧な残務整理をしている。

元気のない声で話しているが、立派な人物だと思った。

それから数日後に、電話し、

「これからどのようにされるのですか」

と尋ねたら、

「歳だし、行く所がない」

という。


わが社も業績が上がらず最悪の時期だったが、立派な人物なので力になってあげようと思った。そこで、関西地区でわが社の機械販売を依頼したら、感謝され、給料も本人の希望通りにした。しかし技術が優秀でも、営業となるとなかなか成果が上がらない。

1年ほどして、

「大変お世話になりましたが、期待に沿えず申し訳ない。辞職したいのですが」と申し入れてきた。

「もう少し頑張ってみたら」

「これ以上迷惑をかけられません。助けてもらったご恩は忘れません」

そう言って、退職された。

それから約半年後に、後にわが社にとって大変大事なお客さんになる、N社から電話が入る。

わが社に、まず1台の機械を発注いただいたのである。

「山下さん、1台目ですが、貴社の努力次第では今後多くの計画があるから頑張ってください」

と励まされた。

1台目で技術を認めていただき、その後わが社が上昇気流に乗ったことは前述の通りである。某部長と初対面の時は、緊張で気が付かなかったが、半年前までお世話した人物を思い出した。

名字も同じ、顔もよく似ており、親子か親類縁者の方ではないのか、と思った。詳細は知る由もないが、私のしたことを見ていて、助け舟を出してくださったのではと思っている。

情けは人のためならず。

ビックリするような、現実の出来事である。

自分の得意技

私は営業マンとして、自分自身を褒めることが２つある。

１つ目は粘り強く努力する。

２つ目は強い人に接触し絶対逃げない。

２つ目は、特に神経を使う。

失態を演じれば自分の責任もあるが、会社に迷惑がかかる。

大変な勇気と、計り知れないエネルギーを使うのは言うまでもない。

大変重要な人物との商談になると、正直逃げたくなるほど緊張する。

私は多くの個性的な強い人、強い地位にいる人に面会したが、一度も失態を演じなかった。それより認めてもらい、営業マン冥利に尽きる大きな業績を上げて会社に貢献できた。

そそっかしく、人より多く失敗してきて迷惑をかけたが、ここ一番に強いと自負している。

人前で緊張してしまうのは現在も同じで、例えば営業に関係ない会合、町内会の宴会、選挙運動発会式等に、お招きにあずかる。人の後ろに下がり隠れるようにしていると、必ず、「山下さん、どうぞ前に来てください」となる。

本当にこれが嫌で、恥ずかしく、できるだけ辞退することにしている。止むなく参加しても早く終わることばかり祈っている。何故こうなのか、自分でも笑うしかないくらい、分からない時がある。

学校時代ケンカを売られ、社会人になってからはとんでもない上司に仕え、機械の不備でクレームが付く。

それでも逃げずに対応してきたことが、人様の信頼を得てきたのだと思っている。

おわりに

私は将来社長になろうとか、偉くなろうとか、会社に貢献しようとか、思ったことがない。生来、無欲な性格である。

コツコツ、目の前のお客さんの欲する機械を、丁寧に要望を聞いて実現させてきただけである。結果として、省エネになったり、作業効率が上がったりと、客先には感謝されてきた。

起業後には、艱難辛苦の末、画期的な新製品を世に出し、特許も取得した。業界内の評判を聞きつけ、世界的有名メーカーから引き合いが来るような僥倖を得るようになった。

新入社員の頃には、上司に「最低の男」と言われていた私が、である。

田舎者の考えなしであったにもかかわらず、「高い山に登った者にしか見えない景色」を味わうことができたように思う。

何故であるかと考えると、本文で紹介したような、知らずに行ってきた数々の幸運な解決策のほかにも、もう一つだけ秘訣があったように思う。

失敗しても、いったん尻尾を巻いて逃げ出すことがあっても、最終的には「自分」をあきらめなかった。何とか細々とでも挑戦し続けたおかげで、今がある。

未曽有のコロナ禍という大災害に、心細い読者も多いかと思う。何をするにも、〝楽な今まで通り〟が通用しない世界となっている。

そんな時に、「失敗は、怖くない。あきらめなければ、最終的には失敗ではない」という私の体験を、頭の隅の方にチラとでも置いておいていただけると幸いである。人生100年時代といわれる昨今。挽回するチャンスは、それこそ無尽蔵にある。読者のみなさんの成功を祈って、ファイルをセーブすることにしよう。

令和3年4月吉日

株式会社サンワマシナリー取締役会長

山下和之

著者紹介

山下和之（やました・かずゆき）

株式会社サンワマシナリー取締役会長

1941年、和歌山に生まれる。幼くして母を亡くすなどの試練に、持ち前の明るさ、夢中になった野球などのおかげで打ち克ち、社会人となる。

1985年、金沢市に株式会社サンワマシナリー設立。現在は取締役会長。

1993年、新工場移転。1996年、海外CE規格を取得し、海外へ初輸出。

1997年、安原工業団地で新工場建設移転。2012年、安原工業団地で新社屋・新工場建設移転。前工場は第2工場とする。

2021年、新工場を建設予定。

http://www.sanwa-machinery.co.jp

あきらめなければ失敗《しっぱい》ではない

最低《さいてい》の営業《えいぎょう》マンから会社《かいしゃ》の救世主《きゅうせいしゅ》、そして社長《しゃちょう》に——　〈検印省略〉

2021年　5　月　13　日　第　1　刷発行

著　者——山下　和之（やました・かずゆき）

発行者——佐藤　和夫

発行所——株式会社あさ出版

〒171-0022　東京都豊島区南池袋 2-9-9 第一池袋ホワイトビル 6F

電　話　03 (3983) 3225 (販売)

　　　　03 (3983) 3227 (編集)

F A X　03 (3983) 3226

U R L　http://www.asa21.com/

E-mail　info@asa21.com

印刷・製本　神谷印刷（株）

note　http://note.com/asapublishing/

facebook　http://www.facebook.com/asapublishing

twitter　http://twitter.com/asapublishing

ISBN978-4-86667-280-9 C2034